核心素养视域下的中职语文教育教学研究

彭晓萍　李佩玲　张　蓉　著

全国百佳图书出版单位　吉林出版集团股份有限公司

图书在版编目（CIP）数据

核心素养视域下的中职语文教育教学研究/彭晓萍，李佩玲，张蓉著.-- 长春：吉林出版集团股份有限公司，2024.2

ISBN 978-7-5731-4610-6

Ⅰ.①核… Ⅱ.①彭… ②李… ③张… Ⅲ.①语文课—教学研究—中等专业学校 Ⅳ.① G633.302

中国国家版本馆 CIP 数据核字(2024)第 048075 号

HEXIN SUYANG SHIYU XIA DE ZHONGZHI YUWEN JIAOYU JIAOXUE YANJIU

核心素养视域下的中职语文教育教学研究

著：彭晓萍　李佩玲　张蓉
责任编辑：王芳芳
技术编辑：王会莲
封面设计：安诺晴
开　　本：710mm×1000mm　1/16
字　　数：245 千字
印　　张：13.25
版　　次：2024 年 2 月第 1 版
印　　次：2024 年 2 月第 1 次印刷

出　　版：吉林出版集团股份有限公司
发　　行：吉林出版集团外语教育有限公司
地　　址：长春市福祉大路 5788 号龙腾国际大厦 B 座 7 层
电　　话：总编办：0431-81629929
印　　刷：三河市金兆印刷装订有限公司

ISBN 978-7-5731-4610-6　　定　价：80.00 元
版权所有　侵权必究　　　　举报电话：0431-81629929

前　言

核心素养作为教育的重要目标之一，被广泛应用于各个教育层面，包括中职语文教育。中职教育是为学生提供实用技能和职业发展准备的重要阶段，而语文教育则是中职学生全面发展的基础。在核心素养视域下的中职语文教育教学研究，旨在探讨如何在中职语文教学中有效培养学生的核心素养。核心素养视域下，教师需要关注学生的综合能力，包括批判性思维、创新能力、交际能力、信息素养等，这些都是在现代社会中获得成功所必需的技能。在核心素养视域下的中职语文教育教学研究将为中职教育提供新的教学理念和方法，有助于促进学生全面发展和实现个人梦想与社会需求的有机结合。

基于此，笔者以"核心素养视域下的中职语文教育教学研究"为题，首先探讨中职语文教学的理论依据、中职语文教学价值与思考、中职语文教育的本质与特性、中职语文教育的地位与功能；其次对中职语文教育的教学体系、中职语文教育的内容、中职语文教育的创新、中职语文教学的技能进行分析；最后对中职语文教学的创新思维、中职语文教学人才的培养、中职语文教学的多维度实践进行研究。

本书是对中职语文教育领域的一次深入探索，旨在探讨如何在核心素养的视域下，推动中职语文教学的发展，促进学生全面素质的培养。核心素养作为当今教育的重要发展方向，已成为中职教育的热门话题。全书内容丰富，逻辑清晰，不仅重视综合能力的培养，而且对教师的专业发展具有重要意义，对中职语文学习者与研究者具有较高借鉴价值。

本书由中山市建斌职业技术学校彭晓萍、河南信息工程学校李佩玲和东莞市经济贸易学校张蓉共同著作。

本书在写作过程中参考了许多学术著作与论文，特此向其著作者表示深深的感谢。由于时间、精力等方面的限制，本书可能还存在一些不足之处，对此希望各位读者能够予以谅解，并欢迎提供宝贵的意见和建议，帮助进一步完善本书，使其更加符合读者的需求与期望。

目　　录

第一章　中职语文教育与教学理论 ………………………………… 1
　　第一节　中职语文教学的理论依据 ……………………………… 1
　　第二节　中职语文教学价值与思考 ……………………………… 4
　　第三节　中职语文教育的本质与特性 …………………………… 8
　　第四节　中职语文教育的地位与功能 …………………………… 13

第二章　中职语文教育的教学体系 …………………………………… 19
　　第一节　中职语文教育的课程分析 ……………………………… 19
　　第二节　中职语文教育的教材编写 ……………………………… 28
　　第三节　中职语文教育的教学目标 ……………………………… 32
　　第四节　中职语文教育的教学任务 ……………………………… 34

第三章　中职语文教育的内容构建 …………………………………… 39
　　第一节　中职语文教育的阅读教学 ……………………………… 39
　　第二节　中职语文教育的写作教学 ……………………………… 66
　　第三节　中职语文教育的口语交际教学 ………………………… 69
　　第四节　中职语文教育的导学探究教学 ………………………… 71

第四章　中职语文教育的创新探索 …………………………………… 79
　　第一节　中职语文教育的创新模式 ……………………………… 79
　　第二节　中职语文教育的创新意识 ……………………………… 110
　　第三节　中职语文教育的创新思维 ……………………………… 118
　　第四节　中职语文教育的创新活动 ……………………………… 122

第五章　中职语文教学的技能解析·················129
　　第一节　中职语文教学的准备技能··············129
　　第二节　中职语文课堂教学的技能··············152
　　第三节　中职语文教学的综合技能··············191
　　第四节　信息技术与语文学科整合下的教师技能········199
参考文献·······························204

第一章　中职语文教育与教学理论

第一节　中职语文教学的理论依据

语文教学在培养、提高学生语言能力的同时，必须提高学生的思维能力、审美能力，以及学生的文化素养。语言能力和思维能力、审美能力及文化素养之间是相互依存的辩证关系。离开思维能力、审美能力、文化素养的提高，孤立地谈语言能力的提高不合乎语言学习的规律，也不合乎辩证法的基本原理，因而不可能收到实效。在关于语文教学的讨论中，片面地强调"工具论"或"人文内涵"是存在问题的。我国古代、近代就有关于语文能力结构的经验性认识，20世纪70年代以后，随着西方智力理论在我国的传播，对语文能力的培养日益重视。这方面的理论内容有很多，但重点是对听、说、读、写等单项能力的分析。

一、特殊因素论

特殊因素论是直接对语文教学的内容、任务进行析离得出的结论：①单项因素说。其认为语文能力就是作文能力（包括写字能力），这主要是在语文尚未成为一门独立的学科（清末）以前的观点。这种思想在当代还留有痕迹，如有人认为语文能力中"写"是核心，是最根本的，一个人只要具备写的能力，听、说、读的能力就自然具有，除非存在生理缺陷。②双因素说。其认为语文能力由阅读和作文两大能力构成。对它们之间的关系，存在以阅读为主、作文为主或两者并重的三种观点，这是我国近代（20世纪20年代至50年代）的主要观点。③四因素说。其认为语文能力由听、说、读写四大能力构成，多种能力之间既相对独立，又相互制约。这是容易被当今语文教师接受的一种能力结构观点。

二、维度结构论

从不同的角度揭示语文能力结构,但对于采用哪些维度有着不同的认识。

第一,二维结构说。"语言—智力"二维结构说典型的是把语文能力划分为听、说、识字、阅读、作文和思维、观察能力。听、说、读、写是语文的特殊能力,但它们直接受学生思维能力和观察能力的制约,因此,考虑语文能力必须顾及智力因素。

第二,三维结构说。"内容—操作—产品"三维结构说中的"内容"包括语音、词汇、语法、修辞、逻辑、篇章等六个因素,实为语文知识;"操作"包括认知、理解、记忆、发散思维、辐合思维、评价等六个因素;"产品"包括听、说、读、写四个因素。每一维度的任何一项都可与另两个维度的任意一项结合,构成一种新的能力因素,这样就得出独特的语文能力因素。

第三,多维结构说。结合当前语文教学实践,从广义的范围提出的语文能力结构:①学习兴趣与习惯。热爱祖国语言文学、学好祖国语文的兴趣、良好的阅读习惯、良好的书写习惯、说普通话的习惯。②学习策略、自学能力。会自我检查和评定、调节学习策略、主动适应新的学习情境、获取新知识、提高学习效率。③语言运用能力、知识和技能的操作。要求"读"能认读字词句、理解分析内容、鉴别欣赏、有一定的速度;"写"能审题、立意、布局、遣词、使用标点;"听"能辨别语音、理解语义并作必要的品评;"说"能组织语言、表情达意。这三大因素中,语言运用能力居于重要地位,起主导作用。

三、层次结构论

把语文能力分析成多个层次,每个层次分为若干因素。第一层次是各学科共有的一般能力因素,如理解、分析、记忆等能力。第二层次是语文基本能力因素,即听、说、读、写能力。第三层次是语文单项能力因素,如使用工具书、拼音、识字、书写、用字、造句、说话、朗读、阅读、语法、修辞、作文、文言等。语文单项能力还可再分解，如：识字解析为正音、正字、解意；作文解析为审题、立意、选材和谋篇等。

四、定量研究成果

语文能力结构主要包括：①表达能力。表达能力是指用语言文字形式组织、表达个体思想、观点和情感，进行实际交流的能力。②接受理解能力。"系统知识"与"接受理解"合并是"系统知识"块的特征不显著所致。主要是指学生对语言信息中客观意义的了解和把握的能力。③信息处理能力。反映学生主动地加工、处理语言信息的能力，即根据惯例以及在一定程度上根据个体的经验选择、组合、改造文字材料的能力。因素分析结果把这一能力分为两项，但研究者认为，按照我国语文传统理论，它们完全可以合并为一项。

我国关于语文能力结构的认识，多以听、说、读、写能力为核心，区别只在于是否专门考虑语文知识、思想观点、观察、思维、认知策略等因素。此外，智力、认知策略是影响学生语文能力发展的主要因素，但应充分注意它们与语文能力的关系。前者是一般能力，后者是特殊能力，两者处于不同的层次，不能相提并论。知识、思想不属于能力的范畴，在语文教学中应为学生提供这方面的发展条件，但不能作为语文能力的结构因素。

定向研究通过分析得出能力的因素后，还要揭示这些因素之间的关系。语文能力因素间有着复杂的关系，听、说、读、写能力的核心是思维能力。在语文能力的功能系统中，语文知识和技能是一个同心圆，圆心是智力和非智力因素，外层是字、词、句、篇、语、修、逻、文等语文知识，内层是听、说、读、写等语文技能。无论如何，培养、提高学生的听、说、读、写能力，必须同时着眼于学生整体素质的提高。否则在理论上是违背辩证法的，在实践上也无法取得成效。

第二节　中职语文教学价值与思考

"中等职业学校语文教学既承担着培养学生语言文字运用与传承的能力，又承担着落实立德树人根本任务的重要责任。"[①]中职院校长期以来一直以社会需要为基础，培养出来的学生大多以就业为目的，教学的内容大多也是以此为基准，这就导致很多基础课失去了其应有的价值。对其他课而言，语文是必修课，语文教学主要以提升学生的文化修养为目的，随着课程设置的转变，发挥中职语文在教学中的价值就变得很重要，现在中职院校要做的是不断地学习语文知识，巩固知识成果，促进学生多方面发展，所以中职院校以及语文教师都要转变现有教学模式，在语文价值定位及实现方面做相应的思考，结合语文实践活动使中职语文教学的价值有所实现。

一、语文教学价值的具体分析

（一）人文方面的价值

人文教育的核心是促进社会成员形成先进的价值观、传承传统文化，对于学生而言也是养成良好习惯的规范。中职语文与语文课程有相同的任务，都是为了促进学生的学习动力，提升学生的学习能力，塑造文化人格。中职语文教育在促进学生发展的同时，在人文方面也发挥着重要作用，教师不仅开展语文教学的过程也是教师通过教学增强学生能力的过程，语文课不仅可以提升学生的人文素质，也可以促进学生的学习能力，更可以为社会提供需要的人才。

中职语文教材内容是经过专业的编辑精挑细选确定的，文章中蕴藏着丰富的情感和精神思想，有助于学生树立正确的价值观念以及形成良好的道德品质，使得学生在语文学习过程中不仅能培养人文主义精神和集体观念，还

[①] 李党辉.在中职语文教学中深化课程思政的价值与可能：以《蝉》为例[J].现代职业教育，2022（27）：17.

能促进学生在各方面的均衡发展，使学生在进入社会时，能快速适应社会。中职语文教学不仅具有很高的人文价值，在学生职业素养和岗位责任意识培养等方面也发挥着重要作用。

中职语文教学过程中可以体现人文关怀，主要是在教学中确立学生的主体地位，视学生为学习和发展的主体，教师成为学生学习的指导者、组织者和参与者，并且教师要有意识地把学生"推"向主体的位置，让他们意识到自己的主体角色，自觉自愿地投入学习活动，而不是被动接受。教师需要重视学生在学习过程中的独特体验。

（二）素质方面的价值

中职语文教学的目的不仅是促进学生就业，还应是提升学生素质。在中职院校教学背景下，应制定相应的教学方案来指导教育工作，中职语文教学的价值体现在培养的学生要符合现代化要求，提升学生的基础能力，使学生具有良好的素质、创新精神、文化素养等，最重要的是在促进学生基础素质的同时创造社会价值。中职语文在学生人格的培养上具有积极作用。中职语文不仅是基础科目，更是一种语言的传递。中职语文教材中包含着大量的文化知识以及思想内涵，中职院校重视并加强语文教学课程的开展，除了能提升学生的文学素养以及思想品德以外，还能让学生们了解并掌握书写技巧以及标点符号使用技巧等知识，有助于学生理解能力、组织能力的培养和提升，同时对于学生综合能力的提高、缓解就业压力均具有重要意义。

二、语文教学价值的现实思考

（一）基于专业需求开展语文教学

中职教育是为了培养社会需要的专业人才，而中职语文教学的目标除了要培养学生良好品格以及正确价值观念以外，还要促进学生专业能力的提升和发展。这就需要中职语文教学应服务于专业的实际需求，使教师开展语文教学时围绕这个专业的特点，合理调整语文教学的侧重点，要尽量用学生容易理解的语言进行讲解，不断提升教师的专业能力以及专业思想，并应用到教学中，促进学生能力的提升。

中职教师制定语文实践方案时应尽量设计与专业相贴近且富有专业特色的教学活动。在学生今后的工作中，其书写、表达等技能对从事相关工作具有重要帮助，对此，中职语文教学必须结合学生以后的需求，提高中职语文教学与专业教学课程的相适性，这样不仅有助于提高学生对中职语文学科的重视程度和学习兴趣，还可以加强学生综合素养与能力的培养。

（二）合理创设与专业相关的教学情境

在中职语文教学过程中，教师根据专业特点创设相应的教学情境，不仅有助于激发学生对中职语文的学习兴趣，还可以使学生对教学的相关内容有深刻的理解。例如，教师可以对现有教学资源进行合理整合，收集一些与学生专业有关的企业文化资料以及专业文化资料等内容，并利用多媒体教学辅助设备将这些资料展示给学生们，使学生能积极主动学习，了解更多的专业知识，促使学生的学业有所提升。除此之外，教师还可以利用这些资料布置一些与其专业相贴近的学习任务，创设与专业相关的教学情境，给予学生更多的自主权，让学生在学习任务中充分发挥自身的个性以及潜力，不仅有助于激发学生的学习积极性和学习主动性，还可以加强学生自主学习能力等方面的培养，对于中职语文教学价值的发挥具有重要意义。

（三）积极创建良好校园文化环境

中职校园作为学生日常学习的主要场所，其环境与氛围对学生学习意识以及文化底蕴的培养有着重要影响，这就需要中职院校加强良好校园文化的创建。一方面，中职院校可以根据专业实际情况组织一些文化节或趣味竞赛等活动，并鼓励学生踊跃参与校园文化活动中，不仅有助于改善学生的学习心态，还可以让学生在轻松、愉悦的氛围中获得知识与能力的培养；另一方面，教师在中职语文教学中也应改变传统的教学方法，以更加贴近学生专业的教学方法，以及风趣、轻松的教学方式开展语文教学。例如，教师结合学生的兴趣爱好以及中职语文教学知识，创设有趣的教学情境，并且通过对校园文化资源的合理利用，让学生了解更多的知识文化，营造独特的课堂文化环境，这样不仅有助于激发学生的语文学习兴趣、提升学生的素质培养效果，还可以帮助教师积累更多的教学素材和实践教学活动经验，从而促进中职语文教学在校园环境中的创建。

（四）教学评价的科学性与综合性

中职语文教学评价的科学性及综合性的加强，有助于调动学生的语文学习兴趣以及实践教学活动参与积极性，对中职语文教学质量的提升以及教学价值的实现有着重要意义。这需要教师改变传统的以考试成绩为主的评价模式，建立多元化的评价体系。例如，加强对学生日常学习态度以及学习效率等情况的收集，并对学生的语文思维以及文学素养进行全面查验和掌握，这种语文评价模式是一种动态的评价方法，不仅要对学生学习的完成度进行全面了解，还要对学生学习的具体情况给予更多的关注，能够针对不同的学生，做出更加科学、合理、全面的评价，所以这种评价体系不仅可以更加具体、细致地了解学生的学习状况，还有助于调整学生的学习心态并增强学生的自主学习意识，对于学生日后就业以及发展有着巨大的帮助。

综上所述，中职语文教学不仅在考验学校，也在考察教师教学方式的转变，但都是为了更好地服务社会，培养专业技术人才。当前，中职教育过程中，学校对语文学科的地位和作用缺乏重视，因此需要中职院校领导和教师真正认识到语文教学的重要性及其价值定位，并通过对语文学科教学内容以及教学模式的调整和创新，激发学生对语文的学习兴趣，促进学生综合素养以及专业能力的培养和全面发展，推动中职语文教学的改革与创新，并真正发挥中职语文教学对技能型专业人才培养的促进作用，为中职学生以后的全面发展奠定良好、坚实的基础。

第三节　中职语文教育的本质与特性

一、中职语文教育的本质

"语文作为基础学科，对学生的成长至关重要。"[1]关于语文教育的本质属性，概括而言主要有以下三种：①工具性。语文是人类最重要的交际工具，因此语文是工作、学习和生活所必需的工具。语文教育就是语言训练，旨在培养学生运用语言文字的能力，这种观点重在强调语文教育的工具性价值与功能。②思想性。语文不仅是一种交流思想、表情达意的工具，还具有鲜明的思想性，语文教育的性质是工具性与思想性的统一。强调语文学科的思想性和语文表情达意的功能，应该抓住"语文"这个工具的特性所在。但是，过于强调"思想性"，往往会导致语文教育偏重思想内容分析，倾向于思想教育。③人文性。语文学科既具有工具性和思想性的特点，还具有知识性、文学性、审美性、文化性等特点，前者为本质属性，后者是从属性质。

二、中职语文教育的特性

语文教学的目的是要运用这一工具去认识生活、参与生活和改造生活。教学过程中不能仅仅把学生看作语文训练的对象、语言文字训练的主体，而是要让学生真正成为他们生活的主体，成为自主地学习运用语文这个工具能动地生活的主体。

（一）语文教育的人文性特征

人文教育的目的是要让学生成为全面发展的个体，这一目的应贯穿每一门课程的教学始终。但在所有课程中最能有效地实现育人功能，最能直面永恒生命意义的莫过于语文。因为语文教育除了可以培养学生的语文素养和语

---

[1] 肖静.中等职业教育语文教学存在的问题与对策研究[J].开封文化艺术职业学院学报，2022，42（11）：75.

言能力之外，更是一种精神教育、人文教育。

学生在学习与品读文学作品的过程中，在感受文本的思想意蕴和艺术魅力乃至作者的人格魅力的同时，会自觉或不自觉地学会思考人与人、人与社会、人与国家、人与世界之间的关系。日复一日地学与思，会促使作品中的思想、情感潜移默化地影响学生，逐渐内化为学生的个人品质和个人的人文素养。可见，语文教育的功能重在培养既具有文化素养，又具有良好的道德品质和礼仪规范的人。

1.语文教育与情感因素

教育的最高目标是实现人的全面发展，而人的全面发展离不开情感的发展。情感是每个人人格发展的重要因素，美好的情感品质可以促进人格的健康发展、情商和智商的全面提高。而美好情感的培养在很大程度上有赖于情感教育，因为情感教育是关注人的情感层面如何在教育的影响下不断产生新质，走向新的高度，也是关注作为人的生命机制之一的情绪机制，如何与生理机制、思维机制一道协调发挥作用，以达到最佳的功能状态。情感教育的目的是培养学生的社会性情感，提高学生对情绪情感的调控能力，帮助学生对自我、环境以及两者之间的关系产生积极的情感体验，而其终极目标则是培养学生的健全人格。

每个人的情感变化都是一个长期的过程，积极美好的情感需要慢慢培养，需要在受教育的过程中去不断感受和体验，激发出内心深处的情感，从而使情感在认知和体验发生共鸣的时候得到升华，形成一种坚定的信念，进而内化为自身的品德。另外，语文教育除了发挥其工具作用、培养学生的语文能力、提升学生的认知功能和发展学生的智力外，还要注重学生非智力素质的发展，强化情感教育的正面熏陶，将多姿多彩的情感体验带给学生，让学生去切实地感受世界，感受作家作品中细微的情感变化，潜移默化地促成自己良好人格的形成。语文学科的内在本质决定它拥有丰富且宝贵的情感教育资源，所有的语文教材都是精心编写的，其中的每一篇文章都是精挑细选的经典之作，每一篇作品都是作者内心情感的体现与折射。

2.语文教育与思想启迪

语言是思想的物质外壳,语文教育不仅可以培养学生的语文能力,更重要的是可以让学生在习得语言知识的同时,感受语言文字蕴含的思想,提高学生人文素养,促使其精神成人。文质兼美的古、今文学作品是作家文学功力和人格魅力的结晶,每一篇文章都灌注了作者的理念、情感和认知,每一个文字都充满了生命的律动和感性的灵光,不仅能给人审美的愉悦,更能给人思想的启迪。

(二)语文教育的工具性特征

在教育教学中,语文有别于其他学科的方面在于语文学科的教学需要研究与探讨语言本身,不仅要理解其表达的内容,还要研究表达的方式,以及表达的原因。而学习其他学科,语言只是一种媒介。由此可见,从学科特点而言,作为交际工具、思维工具和文化传承工具的语文,要臻于熟练地掌握它,就始终不能脱离语言的工具性。

重视语言训练是语文学习的必由之路,换言之,脱离或忽略语言工具性特点的语文课都不是真正意义上的语文课。语文学科的重要任务之一,就是让学生系统地学习语言,提高学生正确理解和运用语言的能力,提高学生的观察能力、感受能力、想象能力、思维能力和创造能力,以加深其对祖国语言的认识和热爱。语文教育的工具性表现在语言本身的工具性和语文学科的工具性两个方面。

1.语言本身的工具性特征

语言是一种社会现象,不是自然现象,也非个人现象。语言和人类社会有着紧密的联系,它依存于社会,更是组成社会的重要因素,是推动社会发展的重要力量。语言与社会有着密切的相互依存关系,是人们生产、生活的工具。而交际工具、思维工具、思想文化的载体是语言工具性的主要表现。

(1)语言是人类最重要的交际工具。人类的说和写都是为了表达思想、进行交际,而说和写所用的语言就是表达思想和进行交际的工具。语言是获取、储存、转换、表达信息的重要手段。在现实生活中,人们利用语言工具来表达自己的思想，也通过语言工具理解他人表达的思想。语言对于社会所有成员都是共同的、统一的，无论地位高低、学养优劣，人们都需要遵守社会的语言习惯。与此同时，人们在使用语言的过程中又可以有不同的风格。例如，人们喜闻乐见的相声艺术，它的语言表达不同于说书艺术，也不同于其他文艺作品，更有别于学术论文，它以通俗易懂、幽默含蓄见长，但又不违反人们平时共同遵守的语言规则。所以，尽管表达上有变异，但并不影响受众对它的理解。

人们在交际时常用的是语言，但又不限于语言。除了语言以外，文字、肢体语、旗语等也是被人们熟知和惯用的交际工具。但无论是文字，还是肢体动作，或是其他图形符号等，都是建立在语言基础上的辅助性交际工具。例如，文字是用来记录语言的，利用文字，可以打破语言交际的时空限制。但是，文字在交际中的作用远不如语言，语言是与人类社会生活的各个方面关系最深的、能充分交流思想感情的交际工具。

（2）语言是人类思维的工具。语言是人类创造的，是人们在社会劳动过程中，为适应交流、传递信息的需要而产生的。而思维是对外部现实的反映。语言和思维是两种独立的现象，但两者又如影随形。语言一经产生，就成为思维存在和发展的必要因素，是实现思维巩固和传达思维成果的工具。

语言是思维得以实现的工具，是思维存在的形式，准确、连贯、生动的语言对促进思维的发展起着重要作用。思维成果凭借语言被记录、固定下来，思维的明晰化、形象化，又直接关系着语言的准确性、连贯性和生动性。语言不仅能实现思维成果的表达和传播，更能使思维在已有基础上得以发展。语言是思维本身的要素，语言的发展水平标志着思维的发展水平。思维和语言是相互依存、相互促进的。语言是现实的思维，是思维的物质外壳；语言外壳又总是包含着思维的内容。思维的发展推动语言的发展，语言的发展又促进思维的发展。

（3）语言是人类文化的载体。文化包括风俗、习惯、地理、历史、信仰、生产、生活等方面的内容。语言从产生开始，就是以一定的形式和内容出现的，它表达着不同的意义，体现它与客观世界、人类社会和思维的依存关系。

任何民族的语言都记载着本民族的思想和文化。而任何一个民族的文化,都是历史的积淀,都反映着该民族人民的劳动创造、艺术成就、价值取向、共同观念和生活习俗等。

2.语文学科的工具性特征

语言的产生和发展为人类的群居奠定了基础,而群居构成人类社会。人类社会的发展需要有共同的交际语,即口头语,但口头语不具备时间上的留存性和空间上的延展性,于是书面文产生并得以发展。在口头语阶段,人们依赖的是口耳相传。待书面文出现后,才开始推动教育的发展,语文教育也是从书面文出现后才开始进行的。

(1)语文是学生学习的工具。各门课程的学习都有赖于语文,因为任何一门课程的内容都无法不用语文作为表现形式,任何一门课程的学习都得从识字开始,都需要掌握写字、阅读、口语表达的基本功,都需要思维活动。无论哪一门课程的学习,都离不开语文,除了需要语文来呈现其内容,需要运用语言文字来教学之外,还需要通过语文来呈现其学习的成果。例如,学习笔记、学习心得、实验报告的撰写,毕业设计、毕业论文的完成,研究成果的总结与表述等,都需要借助语文来实现。尤其是理工科学生在项目论证、撰写实验报告、做计划安排、完成工作总结时,叙事说理、表意抒情都离不开语文,而且若缺乏归纳和总结能力,会在一定程度上影响科研、技术上的成就。

(2)语文是学生成长发展的工具。迄今为止,人与世界存在四种对象关系,即人与自然的关系、人与外界社会的关系、人与他人的关系和人与内在自我的关系。语文是实现人与世界的这四种关系的工具,是人认识自然、社会、他人和自我的工具。没有语言就没有世界,人也会失去栖息之所。从这个意义而言,语言是立人之本,亦是人的根本存在方式。要使学生从一个自然人成长为成熟睿智的社会成员,需要不断地学习以增长知识和才干,逐步养成健全的人格,这一过程需要借助语文这一工具。所以,需要引导学生通过自主的语言实践活动,积累语言经验,把握祖国语言文字的特点和运用规律,加深对祖国语言文字的理解与热爱,培养运用祖国语言文字的能力。

（3）语文是学生认识和参与改造生活的工具。语文习得是学生成长发展的需要，更是学生生活的需要。每个人都拥有自己的生活，学生也不例外。作为生活的主体，他们也常用其特有的目光观察和研究周围的一切，为了能够更好地生活而适时地调整自我与周围环境的关系，甚至还有意识地通过他们的语言行为去影响、改变自己和他人的生活。而语文正是他们认识生活、参与生活、改造生活的主要工具。他们不仅运用语文生活，而且在自己的生活中学习运用语文。

第四节 中职语文教育的地位与功能

一、中职语文教育的地位

中职院校语文是一门最具基础性和综合性的学科，具有丰厚的中华传统文化底蕴和人文内涵，是培养中职院校学生人文素质、思想道德素质、创新思维和职业能力以及审美素质、身心素质等的重要课程。"在中职教学活动中，语文教育工作的实施，可以提升学生的文化素养，为学生学好专业知识、形成专业素质打下坚实基础。"[1]

（一）中职语文教育地位的具体现状

语文是语言和文字、语言和文章、语言知识和文化知识的统称，是人文社会科学的一门重要学科，是人们相互交流思想的汉文及汉语工具，语文能力是学习其他学科和科学的基础。

语文在基础教育中有着举足轻重的地位和作用，但在中职教育中语文的教育地位较低，缺乏对其的重视。中职教育的家长和学生在选择学校时，会优先考虑学校的就业率和学校职业的前景等因素。生源是有限的，因此就会出现各学校之间的在校学生人数参差不齐的情况。所有中职学校为了避免学校在校学生人数过少，自愿被整合，从而提高对专业建设的重视，以期形成

---

[1] 蓝俊英.中等职业教育语文教学的实用性和有效性研究[J].内江科技，2022,43(7)：29.

自己的专业优势、打造自己的精品专业。另外，中职学生文化基础较为薄弱，导致多数情况下，语文教学本是教学的双边活动，如今变成教师在讲台上的"独自讲授"，学生在下面各行其是。因此，中职语文课堂逐渐偏离教育目标，从而使其的教学地位和作用逐渐减弱。

（二）中职语文教育地位的提高策略

《新课程标准》对中职学校的语文课程教学提出新的要求，要想深入贯彻新课程标准要求，就必须在语文教学中及时更新教师的教学理念和学生的学习理念，在以学生为主体的基础上，打破传统的教学模式，优化教学方式方法，拓宽教学的空间，从而不断提高中职学校语文课程的教学效率和质量，促进中等中职教育的高质量发展。语文课程在促进学生全面发展和个性发展方面具有重要的作用。在中职学校中语文课程必须存在，其是学生终身发展的基础，在学生的全面发展中起着举足轻重的作用。学校和教师都要高度重视中职学校语文课程教学，全面提高中职学校语文课程的地位，全面提高中职语文教学质量。

第一，学校要认识到语文课程在中职教育中的重要地位。中职学校不能只重视一些专业基础课，虽然专业技能的发展对中职学生而言十分关键，但中职学校不仅承担着就业的任务，也承担着升学的重任。若只是单纯地关注学生专业技能的培养而忽略一些基本素养的提升，只会使学生变成"单向度"发展的个体，不符合社会发展的要求。中职学校要重视语文课程对促进学生全面发展和个性发展的重要作用，在学校中开足并且开好语文课程，不随意缩短语文课程的教学时长，并且要提供充足的、相应的语文教学资源，进而提升语文课程的教学效率。

第二，教师要认识到语文课程对培养学生基本语文素养、工匠精神、职业精神等方面的重要性。语文教师作为语文教学的直接实施者，要及时更新教学理念，提升教学能力，增强中职语文教学内容的适应性和实用性。

第三，学生本人要认识到语文课程教学的重要性。无论是学校还是教师，都只是提升语文教学质量重要的外部因素，最终发展的还是学生本人。因此，中职学校语文课程教学质量的提升离不开学生的正确认知。学生要摆正自己的心态，积极参与语文课堂教学，充分发挥自身的主观能动性，认识到学好语文的重要性，并积极主动地学习语文知识，提升自身的语文素养。

二、中职语文教育的功能

"在新课改背景下，我国中等职业学校对语文教育提出了更高的要求，强调要通过语文教育，培养新时代学生正确的价值观，提高学生的思想道德境界。"①

（一）中职语文教育的德育功能

德育有利于语文知识与道德的统一。中职语文教材内容相比较于普通高中语文教材内容更加典型。能够被选入中职语文教材的内容既结合了中职学生自身发展需要，同时也结合了中职学生未来就业需要。其涉及的文章多是经典和蕴含传统文化知识的，学生通过学习这些内容，能够真切地通过阅读欣赏、写作、口语交际、综合实践等环节去感受作品传递的情感和思想。从这一角度而言，语文教学本身就是一种特殊的德育教育，是一种"潜移默化"的德育教育。通过语文教学既能够夯实学生语言基础知识，同时也有利于感染和熏陶学生，提高学生道德认知、道德修养。中职语文可以通过以下方式发挥德育功能：

第一，对比法渗透德育教育。中职语文教材中蕴含大量德育资源，中职教师应该善于挖掘和运用这些德育资源。在语文教学过程中采用对比分析法渗透德育教育是一种非常有效的策略，既能够提高学生的道德认知，同时也强化学生学习的主动性。

第二，课堂讨论法分析德育要素。课堂讨论是当下比较常用的一种教学方法，也是非常有利于提高学生课堂参与度，促进学生思想交流，构建生态课堂的一种教学手段。通过讨论，能够让学生集思广益，自由表达自己的观

---

① 张宝.新课改下中等职业学校语文教育的德育渗透意义及途径研究[J].经济师，2021（11）：235.

点和看法，最后形成比较统一的结论，最大限度地发挥学生的主观能动性。

第三，在诵读经典中渗透德育。中职语文教材中绝对不乏朗朗上口的美文。例如，《再别康桥》《在桥边》《致橡树》《采薇》《静女》。既有经典古文，也有韵律优美的现代散文、诗歌。在教学过程中也可以引导学生反复诵读这类文章，让学生在诵读过程中走近文本，深刻体会文本中蕴含的思想情感。中职学生生活阅历较少，内心情感并不丰富，对于一些蕴含深刻哲理的文章并不能透彻地理解。通过诵读经典，恰好可以丰富学生的情感体验，并且借文章的哲理思想对学生进行德育教育，完善学生人格。

第四，在情境教学中渗透德育。中职院校中部分学生理解能力并不强，语文基础较差，无法通过自主阅读深刻体会课文中蕴藏的思想情感，因而不能感受到语文学习中的乐趣，教师可通过情境教学法，利用多媒体设备播放视频、音乐等渲染特殊氛围，使课堂情境更为生动，并给予学生恰当的心理暗示，帮助其挖掘文章深层含义。课本中，有许多文章都具有丰富深刻的人文主义精神，且故事性强，塑造的形象鲜明生动，容易感染学生，教师只需提前做好准备，便可以此为契机，呈现别开生面的课堂。

第五，在实践活动中渗透德育。知识的储备并不能反映学生道德水平的情况，在实际行动中，学生能够学到更多。此外，中职院校本就以培养实践型、技术型人才为目的，教师可组织开展实践活动，有效锻炼学生办事能力，并提供锻炼机会。中职语文课堂结合实践活动，能够贯彻落实德育，从而取得更好的效果。

（二）中职语文教育的美育功能

艺术的最终目的就是使人们更真切地懂得生活的真谛，更加热爱生活，进而丰富对幸福和美好生活的向往与追求。审美是人的一种精神需要。马斯洛需求层次理论，即生理需要、安全需要、归属和爱的需要、尊重的需要、认知的需要、审美的需要和自我实现的需要。这些需要在不同的时期表现出来的迫切程度是不同的：①生物谱系上升方向逐渐变弱的本能或冲动，称为低级需要；②随生物进化而逐渐显现的潜能或需要，称为高级需要。

生理需要和安全需要属于低级需要，而另外的五个层次，即归属和爱的需要、尊重的需要、认知的需要、审美的需要和自我实现的需要属于高级需要。人的需要按重要性和层次性排成一定的次序，从基本需要（如食物和住房）逐步上升为复杂需要（如自我实现）。人的某一级需要得到最大限度满足后，才会追求高一级的需要，如此逐级上升，成为推动人继续努力的内在动力。

第一，语文教育是"以美启真"的教育活动。语文教育的目标之一就是引导学生发现美、鉴赏美和创造美。在美的语言、美的意象、美的意境中陶冶审美情趣，在自然美、社会美中寻找人生真谛。例如，在欣赏作品描摹的自然景观美时，不仅可以感受到大自然的鬼斧神工，也可以感受人与自然的和谐。在欣赏品读一篇篇散文、一首首诗歌、一部部小说时，不仅认知获得启迪，更让美与丑、善与恶、真与假自然可辨。同时，在语文学习的审美活动中，透过作品中人与物反观自我、审视人生，让美的事物以无声的方式传递"美"的真谛。

第二，语文教育是"以美育德"的教育活动。语文学科有别于其他学科，其内容包罗万象，集自然美、艺术美、社会美于一体，将人类社会和大自然多姿多彩的风貌，十分和谐地融入语言文字，蕴含着赖以生存发展、兴旺发达的重要精神力量。语文教育具有极其丰富的德育内容，但是它不同于思想课程教学，不以理论的说教为手段，而是在美的体验与感悟中，在美的诱导和陶冶下，引发情感上的共鸣，使社会的道德诉求成为美的规范，以"潜移默化"的方式渗透到道德认知中，升华道德情感，从而使社会道德规范潜移默化地影响学生品德的形成，塑造学生健全的人格。

艺术可以使一切极具人情、本来毫无生气的内容生机勃勃。语文教育可以通过寓教于情的方式，借助形象可感的手段，使学生在完全自由的状态下，既不受内在理性的束缚，也不受外在客观环境的影响，通过对美好事物的感同身受，自然激发起情感上的喜爱和价值上的认同，自觉形成一定的审美认知和审美评价，从而内化为道德情感，上升为道德意志。积极、稳定、持久的道德意志不断地被强化并指导外在行为，自觉地将抽象的道德认知内化为自我的美好道德情感，实现真善美的统一，从而使学生在知识启迪、道德提升、人格完善的系列过程中，自觉地走向全面发展。

　　第三，语文教育是"以美怡情"的教育活动。语文教育不是单纯的语文知识和听、说、读、写技巧的教育，更不是一种单调的学习与训练，而是具有情感性、意境性、形象性的教育。只要能充分发掘语文教学内容中美的因素，使用适宜的教学方法，就能使学生将对美的追求与热爱和对语文的兴趣、爱好和谐地统一起来，使学生通过语文的学习获得心理上、精神上的愉悦并乐此不疲，并在美的熏陶和美的享受之中成熟与成长。语文教学内容广泛，从古至今，无论是诗歌、散文，还是小说、戏剧，都累积了数千万的名篇佳作，且都含有丰富的美育因素。语文教育从形式到内容都蕴含着丰富的艺术美。学生在美的熏陶下，情感自然被唤醒，在物的变为在我的，从而与之共鸣，性情自然得到陶冶。

　　语文是语言的艺术，语文教育从某种意义上讲是艺术美的教育。语文教学内容皆是优秀的篇章，从不同角度和不同层面带给学生美的享受，既能陶冶学生的情操，更能提高学生对生活、对外物的审美能力和欣赏水平。各级各类语文教材中诗歌和散文占大多数，言辞华美、感情四溢。

第二章　中职语文教育的教学体系

第一节　中职语文教育的课程分析

目前，中职语文教学大纲的目标要求超出了中职学生的实际水平和接受能力，中职学生实现的可能性较低。中等职业教育的教材让学生在品读鲁迅作品、赏析经典诗文时，存在许多对于常用字不识、常用词不理解、常用句式不清楚、关联词不能准确运用的情况，因此，带领他们进行美文赏析、时文分析存在一定的困难。为了使中职语文在培养学生语文能力、完善人格、丰富个性等方面真正发挥作用，其语文课程必须着眼于学生实际，准确定位。

一、中职语文课程的基础性

（一）课程基础性的分析

第一，语文课程的工具性决定中职语文的基础性。普通高中的语文课程标准和中职语文教学大纲对语文课程性质均设有"语文是最重要的交际工具，是人类文化的重要组成部分和载体"的规定。语文是从事一切活动的基础工具，中职语文是中职学生获得职业技能的基础，没有这个基础，或这个基础不扎实，职业技能就难以获得。

第二，中职教育的阶段性决定中职语文必须注重基础性。中职教育不是终结性教育。一方面，中职教育需要为社会培养高素质的劳动者，让他们具有基本的科学文化素养，掌握必需的文化基础知识、专业知识和比较熟练的职业技能，具有继续学习的能力和适应职业变化的能力；具有创新精神和实践能力、立业创业能力；具有健康的身体和心理；具有基本的欣赏美和创造美的能力。学好语文，具备相应的语文基础知识与良好的学习习惯是这些能力形成的前提。另一方面，中职教育还需要为高职教育输送新生。中等职业教育是培养生产、管理、经营、服务等方面第一线工作的实用型、技能型、应用型人才的教育，以培养职业能力为本位，是属于初中教育基础上的职业技术教育，是职业技术教育体系中的中层次教育。

无论是进入工作岗位，还是进入高职深造，都要求中职学生必须继续学习，必须具备继续学习的基础和能力。换言之，中职阶段的教育仍是基础性教育。因此，中职语文必须强调基础性，注重学生的基础知识、基本技能、良好习惯的训练和培养。

第三，中职语文是学好中职阶段其他课程的基础。中等职业学校的国家课程体系，包括文化基础课、专业基础课与专业技能课三种类型。文化基础课是专业基础课和专业技能课的基础，中职语文则是文化基础课的基础。语文课程的学习程度，决定学生具备的语文素养水平，其是继续学习的工具，对于其他学科的学习，具有极强的促进作用。因此，中职学生必须注重打好语文基础，才能更好地学习其他课程。

第四，语文素养是学生全面发展和终身发展的基础。语文课程是一门综合性很强的课程，其以语文为轴心，以数学、物理、化学、天文、地理、哲学、美学、音乐、建筑等知识为辐射线而组成一个庞大且开放的系统，它所涉及的领域十分广泛。所以，全面提高语文素养，对于学生全面发展会起到积极的促进作用并奠定坚实的基础。在个体一生的学习和工作中，需要有语文的基本知识和基本技能作基础。如果语文基本知识和基本技能缺乏，就会出现影响终身学习的情况，从而影响个人的职业发展。语文是学习、工作和生活的基础。具备全面的语文素养，是中职学生未来发展的需要。

（二）课程基础性的表现

1. 注重语文知识的积累

中职语文是小学、初中语文的继续。中职学生语文素质较低，实质上是积累的知识较少。学生记、背的东西较少是中职学生最大的弱点。字词的积累较少，理解字的意义并掌握其写法也存在一定的困难。对于由这些汉字组成的词语，联系具体的语境等能力，中职学生还需要经过长期而艰苦的训练和积累才能实现。

（1）必要的积累是继续学习的基础。智力的发展与记忆力的发展息息相关。没有记忆力为基础，分析、综合、联想、推理、评价、运用等都无法实现。语文学习如果没有字、词、句、篇的积累，就无法产生较高的语文素养。中职语文教学需要在学生心目中建立起语文认知结构（图式），让新的知识不断地与学生原有认知结构中的有关内容发生联系，不断同化和顺应，从而使新知识嵌入原有的认知结构，成为其中的一部分，扩大并优化原有认知结构。因此，在中职教育阶段，教师必须帮助学生建立清晰、合理的认知图式，这就是要打好坚实的语文基础。同时，还要不断地向学生提供内涵大于学生原有图式结构的言语作品，不断促使学生原有图式结构顺应新的言语输入，不断构建新的言语图式，发展言语能力，这需要在夯实基础的前提下有所提升。

（2）中职学生需要注重的基础积累内容。①字、词积累。字词是语言的构成材料。中职阶段必须加强同音字、形近字的辨析，多写多练，扩大识字量，做到常用字读音准确、写法正确，基本清除错别字。同时通过同义词、近义词、反义词的对比练习与常用成语学习，积累词汇。②句子篇章积累。主要是让学生熟读、背诵部分经典诗文。这不仅是语文学习的必要环节，也是个体应具备的素质。因为，它们不仅是优秀语言运用的典范，同时还蕴含着厚重的思想内容和情感，是一个国家文化的精华，学习这些内容的过程就是体认文化的过程。

（3）放低中职学生语文学习的起点。需要注意的是，放低起点不是完全退回到初中甚至小学阶段，"补课"只是对已学过的知识进行梳理，弥补以往的不足，因此需要把握好"度"，难度适中。难度过大，学生容易产生畏难情绪；难度太低，学生容易产生惰性思想。两种情况均不利于调动学生的学习积极性和主动性。这就要求教师明确学生现有的发展水平，其知识结构与认知能力,还要明确学生有实现的较高的发展水平,即"最近发展区"[①],需要寻找两者之间的最佳平衡点。这样才能让学生在"补课"的基础上得到提高。

2. 语文学习习惯的培养

(1)倾听的习惯。倾听的习惯包括倾听的态度和倾听的质量。①态度方面。注意保持专心致志、不走神、尊重发言者、不打岔。②质量方面。需要注意信息的清楚、准确,且在听的过程中,保持思考、随时记录、理智判断、抓住要点,结束后保证重要信息的掌握。

(2)表达的习惯。表达的习惯包括姿态和语言。①姿态方面。态度积极,热衷参与,姿势优雅大方,态度和蔼可亲,精神饱满,彬彬有礼。②语言方面。口齿清晰,音量适中,最好运用普通话,语言简练,准确表达。

(3)阅读的习惯。①快、慢结合。在慢读、细读的基础上训练快速阅读的习惯,培养略读与扫读的能力,以适应未来社会信息多且快速变化的特点。②精、博结合。在课堂精读基础上,提倡课外广泛阅读,养成阅读的习惯。③读、思结合。引导学生在阅读过程中保持思考,养成使用参考书与工具书的习惯。④读、背结合。加强诵读训练,鼓励背诵名句名篇。⑤读、写结合。培养学生在读中做批注的习惯、写读书笔记的习惯,做到勤动笔墨勤读书。

(4)写作的习惯。一方面,书写需要准确、工整,有兴趣的同学可以进行书法练习;另一方面,书面表达能力的培养,需要学生多写、勤写,如写日记、写周记、写读书笔记等。

中职语文是小学、初中语文的继续,但中职语文教学的起点不应放在初中毕业的基础上,而应对初中阶段的语文基础进行一次梳理和补充,从最起码的字、词、句、篇抓起,注重语言材料的积累,实现与义务教育阶段语文教学的有效衔接。同时,中职语文又是学生继续学习的起点,应注重良好的语文学习习惯的培养,实现与高职教育及社会教育的有效衔接。综上所述,

---

① 维果斯基的"最近发展区理论",认为学生的发展有两种水平:一种是学生的现有水平,指独立活动时所能达到的解决问题的水平;另一种是学生可能的发展水平,也就是通过教学所获得的潜力。两者之间的差异就是最近发展区。

中职阶段的教育，应该是偏重基础的中职教育，不仅要为学生立足社会、求得生存打好基础，还要为学生继续深造、终身学习打下基础。让他们具备写字、读书、听说、表达等最基本的规范和技能。

二、中职语文课程的实用性

（一）课程实用性的分析

第一，中职教育的培养目标决定中职语文的实用性。中职教育是中等职业教育，与普通高中相比，更注重知识的应用，更重视实用性。中职教育要培养的是应用型人才，而非理论型、研究型人才，因此中职语文也应为这一目标服务，重视实用性。与普通高中强调知识的系统性与完整性，以便为高一级学府输送合格新生不同，中职学生不需要高深的专业理论，也不需要完备的知识体系，专项技能是其学习的核心。因此，中职教育应以培养和训练"在生产、服务、技术和管理第一线工作的中等应用型专业人才和劳动者"必须具备的语文素养和语文实用技能为目标，让学生掌握工作岗位所需的语文知识与技能，如口才、书法、速记、应用写作等。

第二，中职语文的实用性是由中职学生的学习基础决定的。中职学生的语文基础较为薄弱，而且学习兴趣较低，想要在中职学校期间把语文水平提到较高的程度很难实现。但从实用性考虑，以掌握语文的具体实用技能为突破口，激发学生学习兴趣，从而提高语文素养，是目前中职语文教学最合适的选择。

第三，语文教学突出实用性是用人单位对中职教育的要求。用人单位一般要求中职学生不需要通过任何培训就能上岗胜任。受用人单位欢迎的学生至少应具备两方面的语文能力：①自我推介能力，包括书面和口头两个方面，不仅书面得体（包括书法和语言），还要表达自然顺畅；②沟通及协调能力，与学生进入社会工作后的团队合作情况和个人业绩的提升相关。因此，为适应各个行业、各个岗位的要求，中职语文必须根据市场需求，以就业为导向调整教学内容，有的放矢，有所侧重，将语文教学的重点放在学生就业必须具备的实用语文能力训练上，培养出适合不同工作岗位、不同社会需要的能说会写的应用型人才。

第四，中职语文的实用性与普通高中存在差异。高中语文注重口语交际等普适性应用能力培养，中职语文则不止于此，而且更加注重专业特色，注重与学科专业、与职业岗位、与未来职业生涯的联系。例如，财会专业，听说教学的重点在于"协商对话""商洽答询"等方面的技巧；应用文教学重点在于"经济合同""经济诉讼""审计报告""税检报告"等内容的书写，以增强语文教学的专业针对性和未来指向性，体现实用特色。

（二）课程实用性的表现

1.实用性课程的教学内容

（1）口语交际能力。口语交际能力包括听和说两方面，是人们沟通与交往中最重要、最常见的方式，其便捷、灵活是读、写等其他形式不具备的特点。即使是在信息传播渠道多样化和丰富化的今天，仍有高达70%的信息需要人们进行口头传递。因此，其是中职语文教学关注的重点内容之一。

第一，听说能力。听说能力是中职学生的弱项之一。因此，中职语文教学需要进行有效的口语交际训练。需要注意的是，中职学生基础较弱，因此，教学内容和起点需要灵活把握，应立足学生实际水平，瞄准工作和生活需要。例如，口语交际能力训练不能把演讲与口才等高难度内容作为重点，而应注重最基本的倾听、表达训练，如日常生活中运用较多的"介绍""解说""交流"等应是训练的重点。

第二，倾听能力。中职学生在倾听方面存在的不足主要体现为倾听的注意力、感受力、记忆力、联想力与想象力、思考力等能力较低，部分学生存在心理障碍，如对倾听的态度消极被动，甚至仅凭兴趣处理事情，带逆反、抵触情绪和态度。因此，中职学生的倾听能力训练应从以下方面进行：①加强听话的理解力训练，把握说话的中心和要点；②提高倾听的辨别力，培养能听出话语间的区别、意见的分歧所在的能力；③增强倾听的记忆力，随时记录，如酒店管理专业的同学应记住顾客报的菜名，服务台的同学要学会接听电话并准确记录客人要求等；④形成倾听的判断力，听的同时认真思考，对所听到的内容进行独立冷静的思考；⑤养成良好的倾听习惯，以听得清、听得对、听得好为目标。

第三，语言表达能力训练。首先，态度方面。①克服随意性，不信口开河；②克服羞涩感，勇于表达自己；③克服不良习惯，文明礼貌。其次，质量方面。可以先从讲普通话、从相关口语材料的诵读开始，让学生敢于开口表达。同时，教师需要给学生介绍一些口语常识等，并营造和谐的说话环境。可以涉及中职学生的专业技能，如接听电话、接待来客、说服劝慰、恭维批评、求职面试、推荐展示、谈判论辩、主持访谈、即席发言等不同角度，模拟不同场景进行训练，帮助学生进入角色，树立信心，培养口语交际能力。

（2）应用文读写能力。我国基础教育阶段，教学的主要内容是记叙文、议论文、说明文，应用文教学是一个薄弱环节。在实际教学中，应用文较少纳入教学范围内。在中职阶段，应用文也没有得到重视。事实上，对于大多数生产第一线的劳动者而言，工作中记叙文、议论文、散文等形式使用机会较少，反而其将频繁运用应用文书写各种条据、计划总结、广告、合同、求职信等。因此，应用文的读写是中职学生"必须"掌握的知识和技能，中职阶段应把读写的重点放在应用文上。

第一，应用文的主要内容。中职阶段应学习的应用文主要包括：各种条据、工作计划与总结、公文、广告、产品介绍、计划书、调查报告、简报、新闻、演讲词、启事、海报、申请书、会议记录、贺信贺电、欢迎与欢送词、答谢词、请柬、聘书、求职信、合同与协议、述职报告、诉状以及心得体会等，这是总体的要求。不同的专业还应根据工作性质和需要有所选择和侧重，做到有所了解、有所擅长、有所精通，这样才能满足工作需要。但现在的应用文教学存在一个问题，就是只谈写作，而忽略阅读。但仅仅会写作是不充分的，还必须能读懂、能准确理解别人所写应用文的意思，读写之间，可以相互促进。因此，中职阶段的应用文应包括阅读和写作两个方面。

第二，应用文阅读方面。以下主要是寻求应用文阅读的规律性的方式：

一是针对文种，确定读法。不同的应用文有不同的写法，阅读时需要根据不同的文种格式和用语特点采用相应的读法,如阅读总结,一般都有用来概括内容的前言和提挈内容的小标题或段首中心句。阅读时抓住前言、小标题或段首中心句,就能更准确、更快速地把握内容;阅读书信,可以通过称呼、署名来判断写信人与收信人之间的亲疏程度,体会写信人的感情、态度。

二是根据条款,快速捕捉信息。应用文写作经常采用分条撮要、序码标注的方法,阅读时可捕捉序号,抓住段首中心句,获取信息,提高阅读效率。

三是抓住关键词句,准确把握内容。应用文用语简练、准确,阅读时,应紧扣标题、表态语、限制语等关键词句细加辨析,准确领会。抓住标题,可明确所涉及的事项和所使用的文种,初步评估轻重缓急,进入特定语境,确定关注的重点,快速展开定向筛选。对表态用语和限制用语(程度、频率、范围、数量、质量等)细加辨析,可更准确地领会精神,判定轻重缓急。

四是边读边记,及时处理信息。应用文大都具有时效性,阅读时应注意及时把重要的信息圈画出来,避免差错,同时需要及时处理,以免贻误时机,造成损失。应用文的写作需要教会学生以下内容:①把握应用文语体的准确、简要、务实及庄重的特点;②讲究格式规范,结构合理;③态度诚实,材料真实。一般作文要求写真情实感,但应用文更应忠实于客观事实,反映客观事实的全貌。

第三,说明文的读写。随着信息时代的到来、知识更新的速度不断加快,以及高科技产业的迅猛发展,说明文的使用频率与重要程度与日俱增。说明文具有广泛性、社会性与应用性,是人们从事各种职业接触最多的一种文体。中职学生作为未来的一线劳动者,他们必须能看懂新工艺、新产品的说明,有时需要介绍新产品、新工艺、新技术,如旅游专业的同学需要介绍景点景观;酒店管理专业的同学需要说明服务内容与特点,营销专业的同学需要介绍商品性能、服务优势等。因此,说明文教学应在现有基础上加强,以下是具体增加的内容:①篇目的增加;②内容的更新,贴近时代和生活,反映最新科技成果;③介绍说明的多种表述方式,如条款式、图表式、事理式、散文式、对话式等。各种说明方法,如举例子、列数据、下定义、打比方、分类别等,让学生在读的基础上学会写作。

（3）信息能力。信息能力即查找、处理和提供信息的能力。主要包括以下方面：①是信息获取的能力（对信息进行搜索）；②信息整理能力（对所获信息甄别、加工、分类、储存的能力）；③信息利用的能力（利用信息达到目标，产生新观点、证明被怀疑的旧观点，产生新的思想，丰富已有知识，形成新成果等）。如今是信息社会，真实、有效、及时的内外信息是各行各业进行正确决策的前提和依据，获取、利用、处理信息的能力已成为人类生存的基本能力。获取最新信息，整合利用有用信息也是个人继续学习、不断发展的条件。虽然没有明确要求信息能力培养问题，但中职学生需要具备信息能力。

语言文字是信息的重要载体，中职语文要引导学生正视文本，通过阅读教学，培养学生的信息意识；通过语文实践活动引导学生关注影视、音像、互联网等不同媒体组成的社会生活信息情境，培养学生灵敏捕捉、充分利用有效信息，并及时快捷地反馈、创新信息的能力。中职学生熟悉的获得信息的渠道包括学科工具书、图书馆以及互联网。中职学生可以获取信息的方式：①获取直接信息，如调查、访谈、观察、实验等；②获取间接信息，一般可以从信息载体（如光盘、磁盘、幻灯片、书本、影视片等）中获得。

中职学生需要学会处理信息。现代社会信息量大、传播渠道广泛，内容良莠不齐，要求信息接收者具备一定的鉴别、整合信息的能力。中职学生分析、概括能力较弱，进行高度的概括、深刻的分析有难度，可以运用归类、比较，提取有用信息，删除冗余信息等方式进行学习，逐步培养鉴别真伪与优劣信息、整合产生新信息的能力。

2. 实用性课程的教学方法

在教学的方式方法上加强实践教学。语文是一门实践性很强的学科，语文能力的提高，语文素养的形成都必须依靠学生自己去阅读、品味、思考、领悟、练习，没有人可以替代。因此，语文课堂教学应以学生自主学习为主，让学生在读、写、听、说的实践中提高语文能力。中职语文要考虑学生上岗后的实际工作能力，如适应现代化办公条件的能力和组织参与业余文化活动的能力。因此，语文实践活动必不可少。例如，通过朗诵、演讲、辩论、交谈等方式，提高学生的听说能力；通过征文、调查采访、办手抄报、电脑录入、情景模拟等方式，提高学生的写作能力和动手能力；通过开展丰富多彩的语文第二课堂活动，陶冶学生情操，培养学生特长。

第二节 中职语文教育的教材编写

一、中职语文教材的编制原则

教材是实现教学目标的重要载体，是教学的基本条件，也是保证人才培养质量的关键所在。语文教材是语文教育的一个机制，任何教学思想、教学主张、教学方式都是通过教材去实施的，没有好的语文教材一切都无从谈起。中职语文教学效果的好坏与教材的优劣紧密相关。所以，教材的问题是中职语文教育中根本性的问题。而现在中职语文教材的编写存在一定的争议，需要深入研究。以下是探讨教材编写的基本原则：

第一，教材内容与课程目标以及过程方法的统一原则。中职语文教材编制的惯例是采用文选组合的基本范式，即便将来还会进行改革创新，但大体基本范式不会发生变化。因为这种编写形式符合语文学习的基本规律。无论从知识中学习或者从规则中学习，都不如从优秀的作品中学习效果好。悉心阅读典范作品，深入体验，这种语文学习的方式已经是大家公认的最为有效的方式。

以文选为基本范式的教材存在不足，从语文教学的角度而言，主要表现为教学目标不清晰和教学内容不确定，这是由选文内容和艺术含蓄蕴藉的多义决定的。教学目标和教学内容在选文中是一种隐性存在，而不像其他课程那样在教材中得到直接的表述。教学内容隐性存在的特点，使本应在教材中得到具体直观表现的语文教学目标也具有隐秘性，它深藏于承载教学内容的教材的结构整体之中。如果教材的编辑者再出于个人的爱好、学术见识的浅陋或者囿于语文教育理念的褊狭，他的选文就很可能使语文教学的目标悬浮、游离于教材之外。因此所选的文章要能够培养发展中职学生内心的价值需求，并鼓励他们努力实践这种精神追求，促使他们对自身进行反思，努力追求生命的价值和意义，形成健全的理想人格。

教材内容与课程目标以及过程方法的统一实质是中职语文内容结构的问题。一门学科的作用在于将"事实与价值融合"，价值研究应该建立在事实研究的基础上。反观中职语文课程建设，尽管赋予了中职语文课程较高的价值功能，但是也忽视了对中职语文课程内容结构的研究，使中职学生难以把握内在的学科结构，直接影响其学习热情。结构主义课程论强调课程内容应当是学科的基本结构，要具有学术化的特征。以工具性、人文性、审美性来定位中职语文的价值目标，注重理论性和实践性的有机结合，将阅读、书面表达、口头表达等几种能力的训练和培养融于一体而不是编在一起。教科书应有开放性，在合理安排基本课程内容的基础上，让学生用自己的方式解决文本，参与文本意义的生成过程。

第二，多种选文内容比例的兼顾和协调统一的原则。因为语文课程内涵的丰富性和外延的无限性，可以作为语文教材的内容浩如烟海。因此，如何处理语体文与文言文、文学作品与实用文、现代题材与古代题材、中国与外国、时文与经典诸种关系，即各种内容选取比例的问题。

一是教材中文言文选取需要有较高占比。中国传统文化的精华主要蕴含在文言文中。让中职学生了解、热爱和传承传统文化，最直接、最有效的方式就是读文言文。文言文是宝贵的，形式典雅、内涵丰富，是古人思想精髓的结集，中国的文明由它传承。

二是教材应以我国文化经典为主，中国是有着悠久文明的国家。传统文化经典不仅是宝贵的思想资源，也指示着前行的道路。中国传统文化自有其独特而深刻的内涵，如重视个体道德修养、强烈的社会意识和责任感、和谐意识等。通过对文学名篇的学习，可以加强学生对传统文化的了解，培养学生高尚的爱国情怀、无私的奉献精神、纯洁的道德品质和高雅的审美品位等。

三是教材需要编选一定数量的高质量专业文章。中职学生需要以阅读文学和文化原典为主，同时也要学习一定数量的专业文章。一方面，因为文章的概括性强、容量大，可以开阔学生的文化视野，提升文化品位；另一方面，学习专业文章可以锻炼中职学生的逻辑思维能力,培养专业精神。

二、中职语文教材的编制方法

语文教材要把选择的教学材料按照一定的顺序和线索来排列,不同的排列方式形成语文教材不同的结构类型。不同的编排方式受一定的语文教育理念制约,即使是同一种教育理念指导下的结构类型也不尽相同。例如,许多语文教材的编辑说明中都宣称自己的终极目的是通过学习提高学生的语文综合能力及人文素养,而其编写体例却存在文学史、体裁、主题的差异。从内容组织的线索和顺序而言,具体包括以下类型:

(一)以史为序的编制方法

以史为序是把选文按照时间顺序排列,这种方式符合文学发展的史实,便于传授文学知识,有利于把握文学发展变化的规律,这是最早通行的编排方法,到现在仍有许多教材编制采用这种方法。例如,杨建波主编的《中职语文》以文学史的先后顺序为线索,分中国古代文学、现当代文学、外国文学三个部分,每个部分由文学史概述和作品选组成,作品选又分为精读和泛读两个部分,最后为文学欣赏的基本理论及参考读物。编者的设想是既给学生一条文学史的线索,也基于导学的目的,给学生一些文学阅读欣赏的基本规律和方法,以教材为例子,以基本理论和基本规律带动教学,立足于学生迁移知识和创新知识能力的培养,让语文紧贴时代和生活。单元导学使教学内容系统化,引导学生以文化的眼光阅读文学,通过文学载体的解读体悟文化,以达到提升人文素质的目的。

(二)以体裁为序的编制方法

以体裁为序,是把选文按照体裁进行分类编写。每一种文体都有其特定的表达方式和富于个性的语言方式,一种文体集中安排,可以加强学习的效果,有利于学生语言理解与运用的规律。例如,吴廷玉的《新编中职语文》按照抒情、状物、记叙、论理、说明和应用公文的顺序来安排材料,突出了语文能力训练,为提高学生的写作能力设计具体实施路径。

(三)以主题为序的编制方法

以主题为序是把思想内容相近的作品不分体裁,编辑为一个教学单元,这种编法注重思想性,把对学生的思想教育放在第一位,这是现在比较流行的一种编法。例如,苏新春主编的《中职语文读本》从古今各国优秀文学作品中选取了五十四篇,按"自然神韵""精致器物""两情相依""家国情思""理想希望""礼仪天下""仁者之道""萌动青春""幽默人生"九个主题编排,每个主题包括六篇作品。

(四)混合编法

混合编法是将《中职语文》与《应用文写作》两门课程的内容相加,这种教材也屡见不鲜。例如,裘汉康主编的《中职语文》分为文学和写作上下两篇,把人文素质与应用写作合为一体。

(五)融合编法

融合编法是一种将中职语文工具性、人文性和审美性的内容,按照思想主题、生命成长和语文能力训练等多种线索安排的一种结构方式,这种编排方式充分体现了中职语文学习的综合性和实践性特征,是中职语文教材编辑体例的一种有益的探索。

例如,沈琳主编的《中职语文新编》设计了三个层面的内容:第一层面通过对部分中西文化典籍的介绍,一些著名社会学家和哲学家在中西文化融合的背景下对中国文化的阐释,使学生领略到中西文化的差异;第二层面以人生的少年、青年、中年及老年等四个阶段精选文学作品,让学生从精神上感受、体悟生命发展的具体历程;第三层面编辑语言运用的法规性文件,让学生了解写作的规范。选文按照主题编排,人文和审美教育体现在选文的阅读中,思维能力和写作能力的训练以阅读后思考练习的方式实行,这种编排体例可以丰富知识,加深学生对选文思想内涵和审美特色的理解。文选后的"提示"和"思考与练习"等皆以注重启发学生的思维、培养学生独立思考的技能为目标。"提示"言简意赅，既有理性的阐释，又有感性的分析；既点出选文的精要所在，又给学生留有充分的思考空间。"思考与练习"在分析作品的基础上进一步提出相关问题，突出文本的重难点。所提问题侧重于培养学生在分析作品的基础上，将形象思维与理性批判紧密结合的能力。

第三节 中职语文教育的教学目标

基于对中职教育教学目标的认识，中职语文教学应重视德育、人文素质与职业素质的培养，将实用性、基础性和思想人文性融为一体，并落实于教学实践之中。"教育是民生之本。而中等职业学校更是教育事业的重中之重。"[1]我国中职教育虽历经多年的发展，但仍存在许多薄弱之处，语文作为中职教育文化课中最基础也是最重要的一门人文课程，却没有发挥其应有的文化、思想、人文教育功能及与专业的契合性。

一、中职语文教育教学目标的思考

第一，中职教育教学目标的反思。一直以来，中职教育被视为职业技能教育，换言之，就是对学生进行技能培训进而就业谋生。自20世纪90年代末开始，随着中职院校的不断扩招，在一定程度上影响了中职教育的开展。各中职学校为了提高学生的就业竞争力，过分强调职业技能教育，弱化中职生的人文教育，这种教育策略，虽然短期内能提高中职生的职业技能，提升其就业竞争力，但弱化了中职生的思想文化与人文素养，对其职业生涯的长远发展是不利的。新的职业教育理念认为，中职生可以是一名优秀的技工，但首先应该是具有文化素养的个体，而不应只是一名优秀的技工。因此，中职语文教师应该为学生职业生涯的发展，奠定除职业技能以外的思想、文化与人文的素养。

第二，中职教育现状的优化措施。语文教学目标的确立需要立足于中职学生的实际水平，体现素质教育的要求和学科特点，应有利于学生创新精神

---

[1] 王霞.中等职业学校语文课程建设实践研究[J].山西青年，2020（15）：141.

的培养，能够符合未来的工作需要。中职语文课程目标应定位于：①注重"双基"，培养习惯。换言之，注重书写规范汉字，说标准普通话，养成读书学习的习惯。②强调应用，培养实用能力，即具有阅读、写常见应用文、口头、书面、网上流畅地表达，与人沟通的能力。③注重人格修养，培养职业道德。主要培养学生诚实守信、爱岗敬业、吃苦耐劳、团结协作、敢于负责的品质。

二、中职语文教育教学目标的内容

中职语文课程作为文化教育课程中不可或缺的主力军，具有工具性、实践性与综合性等特征。未来的中职语文教育，需要培养具有良好职业精神、道德素质、一定的人文素养、较高的适应能力、有着开放性思维且拥有不断学习、不断拓展知识面的创新型人才。结合《中等职业学校语文教学大纲》的内容，将中职语文教学目标归为以下目标模块：

第一，德育功能目标。语文学科的社会性和思想性，决定在语文教育中必然实施德育。强调"教书育人"，而教学大纲中也有说明，要对中职生进行道德品质及传统文化教育。

第二，人文素质培育功能目标。现代社会对人才的要求较高，必须具备综合素质和足够的文化底蕴，才能完全发挥自身的职业能力。只有全面发展的人才，才能推动社会和谐，推动社会不断前进。

第三，职业素质工具目标。语文不仅会影响其他学科的学习，也会影响学生的方方面面。如今，人们的生活进入快节奏的信息时代，知识更新速度加快。要在未来的职业生涯中保持竞争力，就必须坚持学习，还必须具备良好的适应能力，才不会被社会淘汰。现今社会体系中，简单性工作不断减少，就业岗位更需学生拥有全面的素质。而语文作为一门工具性学科，在教育中占有较大分量，它能提高学生的适应性，培养其不断学习的能力和职业创造性。

第四节　中职语文教育的教学任务

一、中职语文教育的教学任务——优化语言表达力

中职语文，无论是叙事状物、言事说理，还是抒情言志，所选文章均为经典之作，语言运用规范且艺术，对学生语感培养很有帮助。由于语文内容具有实践性的特点，人们的日常生活离不开语文，并且随着社会的不断进步与发展，语文的应用范围不断扩大，逐渐向其他领域渗透。因此，语文教材具有培养语文能力的作用，在进行教材编写时，应将基本功能作为出发点，注重语言的工具性与美学性特征，提高教材编写质量。

另外，为了能够发挥出中职语文教材的教育职能，需要合理设计教学目标，使学生能够在长期学习中养成良好的学习习惯，并提高教学效果。由于培养良好的语文学习习惯需要进行不断的练习，而练习的依据为语文教材，这就需要教师应用教材带领学生进行听、说、读、写等实践活动，通过具体的语言环境锻炼学生运用语言的能力，促进学生养成良好的学习习惯。并且在教学时，为了能够进一步提高教学有效性，教师需要带领学生学习其他选文内容，如学习古诗词时，需要应用其他内容分析对仗、押韵等相关韵律知识，使学生能够提高对语文教学内容的了解程度，并提高语文实际运用能力。

在中职阶段进行语文教学对学生综合能力发展有一定的影响，在进行语文教学时，需要在教学之前合理设计教学内容，从学生实际能力与智力发展需要出发取舍内容。例如，教师在教学时为了达到优化学生的语言表达能力，提高教学的有效性，需要先将教学课程进行分类整理，并在教学中添加不同形式且与专业相关的文本，带领学生进行语言表达能力练习，进一步提高教学质量。发挥出中职语文教学的意义，需要教师在教学之前了解学生的实际学习情况，因人而异设计教学内容，达到优化语言表达力的作用，促进中职语文教学工作进一步发展。

由于语文的特点主要表现为语言表达，在进入中职阶段之后，为了能够发挥语文教学的优势，需要进行重新设计，使教学具有科学性，并能达到优化语言表达力的目的。例如，中职教师可以在教学之前对课程内容进行合理设计，在课程中融入诗歌、散文、小说等文本，使学生能够进一步了解文学形成的过程，在教学中教师可以带领学生进行写作、阅读训练，提升学生的人文素养与道德品格，进而提升语言使用效果。另外，在教学的过程中，由于部分教师的重视程度不高，没有对课程内容进行优化设计，导致教学有效性不高，需要教师根据学生的学习情况、综合素养，进行整体教学设计。

中职语文教学中，为了达到优化语言表达力的教学目标，需要教师在教学中带领学生进行文本翻译、内容分析、实践训练等工作。另外，在进行教学时，为了潜移默化地优化语言表达力，需要教师合理设计课后作业，使学生能够将课程内容与生活实际联系起来，形成良好的语文综合素养。但部分教师在进行教学设计时，对教学内容连贯性重视程度不高，需要教师在教学之前先设计教学总体构架，并按照教学要求进行引导教学，使教学具有优化语言表达力的意义。

二、中职语文教育的教学任务——增强母语感染力

母语是人们思维的载体，能够帮助人们进行知识的认知、问题的分析与归纳、思想的表达和信息的沟通。在中职阶段，学习母语能够提高人们语言表达能力、丰富人的内心修养，并且人们的母语水平直接影响其思维能力和创造能力的发展，对学习其他语言也有一定的帮助。中职学校在进行语文课程教学时，需要按照教育部门的要求设计教学内容，发挥出语文学科的特点，使中职院校能够顺应语文教育发展需求。由于中文是母语，虽然学生在进入中职之前，已经学习、应用了一段时间，但中职语文教育的主要目标是提高学生的语文综合素养，进而进行教学设计时，需要对阅读、欣赏、表达等进行科学设计，进一步提高教学有效性。

部分中职院校对语文教育的重视程度不高，甚至没有合理安排教学课时，导致教学工作缺乏连贯性，难以达到教学目的。由于语文课程具有一定的整

体性，为了能够进一步提高学生的语文综合素养，需要选择合适的教学方法，培养学生的审美能力。但部分中职教师仍在使用传统的教学方法，由于教学形式的单一性，学生的综合能力没有得到明显提高，甚至缺乏学习兴趣，难以达到增强母语感染力的教学效果。因此在中职语文学习阶段，为了完成增强母语感染力的教学任务，需要教师在设计教学内容之前了解学生的语文学习情况、学习能力，并研究课程设置、教学设计方式等内容，使教学工作具有针对性，以提高学生对语文的阅读、欣赏、理解能力，并掌握母语知识，推动学生进一步发展，进一步提高教学有效性。

由于中职语文课程具有系统化的特点，学生认真学习这一内容能够进一步提高语言表达能力，使学生能够具有一定的语文知识。并且中职语文课程在教学时将培养人文精神作为目标，并以这一目的为依据选择教学文本，进一步提高教学有效性。但由于部分教师对这一工作的重视程度不高，导致教学工作的有效性不高，为了改善这一现状，需要教师在设计课程时，选择具有典范性的文本，并对学生的综合能力进行分析，合理设计能够启迪思想、道德熏陶的文本，使教学具有生动活泼的氛围，让学生对语文学习产生浓厚的兴趣，并达到增强母语感染力的作用，推动教学工作进一步发展。

由于语文教材在编写时，为了保障其既能够满足教学大纲的要求，又能达到母语教学的意义，需要教师将其中的工具性与人文性进行统一，使学生能够在适当的教学环境下提高语文综合能力，并提高对文学作品的赏析能力。但部分中职院校在开展语文教学时，没有合理设计教学内容，导致教学内容过于理论性，难以提高学生的综合素养，这就需要进行语文教学改革工作，提高教学的整体性，增强母语感染力，促进教学工作进一步发展。

开展语文教学工作，能够促进学生进一步提高语文综合能力。中职语文教学中，学生在学习文本之后能够形成良好的精神素养，并推动社会进步，提高综合能力。由于人们生活在汉语的环境下，并且语文科目对社会发展有一定的影响，为了使中职语文教学达到增强母语感染力的效果，需要优化教学文本内容，如教师可以根据社会发展、文化素质等方面选择文本内容，并在教学时对学生进行引导，进一步提高教学工作的有效性，以及学生对语文的欣赏能力。

三、中职语文教育的教学任务——提升艺术审美力

艺术审美力又称为艺术鉴赏力，是指人感受、评价和创造美的能力。审美感受能力指审美主体凭借自己的生活体验、艺术修养和审美趣味有意识地对审美对象进行鉴赏，从中获得美感的能力。艺术审美能力对学生的思想情操、思想情感的发展有一定的影响，并且中职学生面临就业的问题，为了促进其进一步发展，需要合理开展语文教育工作，使教学达到提升艺术审美的效果。为了达到这一目标，需要教师合理设计教学内容，使学生具有发现美、创造美的能力。另外，由于中职教师具有美感教育的责任，进而在选择教材时需要按照审美原则整理教学内容，并且由于文学家在创作作品时，会美化人物形象，学生在学习时能够逐渐形成艺术审美力，并获得美的享受。

在中职语文教学中，教学工作需要发挥出语文学科中的人文性与基础性作用，进而提升学生艺术审美力。但中职语文教学使用传统教学方法难以提高教学有效性，为了改善这一现状，教师需要提高教学针对性。例如，在教学时，教师需要先对学生进行基本审美能力的培养，并根据学生学习情况进行审美教学，使学生能够进一步提高对语言的感悟能力，从丰富的感悟中得到美的享受。提高中职语文教学的有效性，需要教师在教学时对学生进行必要引导，培养其勤于思考的习惯，为之后的学习、工作奠定良好的基础。

在中职语文教学中，为了进一步提高教学的有效性，需要在教学时帮助学生沉淀知识，并提高对文章内容的理解能力，了解文本内容情感，并将文本内容进行升华。在学习教材时，需要从审美角度引导学生进行分析，使学生能够感受作者情感，并融入精神境界，使教学工作达到提升艺术审美力的效果。另外，教师在教授中职语文时，为了达到提升艺术审美力的目的，需要合理设计教学内容，帮助学生对作品进行感悟。通过这样的方式进行中职语文教育，学生能够在成长中逐渐形成完善的审美能力，促进学生心理健康发展。

中职语文教材内容具有多样化的特点，并且蕴含自然、社会等方面的美，

在教学时教师需要将这一内容合理分配到教学工作中，使学生循序渐进地形成审美感受，领会到作品中描写的美与丑，学生在学习时对生活实际进行分析，能够感受到提高人文素养的重要性，并发挥出中职语文教学工具性的特点，进一步提高中职语文教学的有效性。另外，学生在中职阶段接受语文教学时，需要教师在课前整理教学内容，适当选择文本内容融入现实生活，并引导学生总结其中的美，使教学能够发挥出美育的作用，提高中职语文教学的有效性。

第三章　中职语文教育的内容构建

第一节　中职语文教育的阅读教学

阅读是学习所有学科的必备基础能力，语文学科蕴含着丰富的文化底蕴，可以培养学生的人文精神、提高审美能力、提升道德修养。素质教育时代，中职学校为社会源源不断地输送技术技能型人才，因此中职学校应重视语文教育，既要注重培养学生的专业能力和服务意识，又要注重学生终身学习能力的养成教育，以满足社会对高素质技能人才的需要。

一、中职语文阅读教学中的生活化

阅读是生活的一部分，是人的一种生活方式，阅读与生活息息相关。阅读教学是在教师指导下，学生自主阅读的实践过程。阅读能力是学生学习语文的基础，通过阅读能够开阔视野、陶冶情操、提升文化素养。在遵循生活化内涵及其特征的基础上，剖析中职学生的心理特点，将生活元素渗透到阅读教学中，用生活经验指导阅读实践，激发学生的阅读兴趣，培养学生的阅读实践能力。

（一）中职语文阅读教学生活化的体现

1. 文学作品源于生活

文学作品反映的是作者在生活中的感受。文学创作源于生活，但又高于现实生活，要真正读懂一篇作品，不但要了解作者的情感和经历，还要了解其生活环境。因此，社会生活是文学创作的源泉，而文学作品也反映着社会生活。文学源于生活，而生活又离不开文学，两者相互依存。把源于生活经验的知识放回到生活实践中去，才能更好地理解和掌握，才能物尽其用。所以，中职语文阅读教学就是通过语言文字体验生活的过程，是学生感知、理解和掌握文字材料的过程。由于学生的生活经验不足，生活范围有限，这一过程需要教师的指导并与学生共同完成，教师的参与帮助使学生从有限的教学空间拓展到了无限的生活世界。

2. 语文教育源于生活

生活是教育的源泉，教育是生活的需要，"生活即教育"的理论是陶行知教育思想的重要基础，孕育着教育与生活相融相生的理念，教育需要与生活碰撞才能发出力量。创设自然的、生活化的教育情境，并在生活中挖掘出既贴近学生需求又符合学生发展的教学资源，使学生更容易理解和接受学习。中职语文教师要善于挖掘生活中的有效资源，不仅要把知识传授给学生，还要调动他们学习的主动性，激发他们阅读的兴趣，培养他们适应生活的能力。生活化的教学强调的是教师在传授语文知识和训练语文能力的过程中，自然而然地注入生活的内容，进行生活化教育。

3. 生活化的阅读教学

生活化的阅读教学就是把知识等新鲜事物，凭借已有的生活经验将其转化为内在需要的过程。围绕教学内容，从学生的实际情况出发，将教学活动引入预先设计好的生活情境，利用学生的生活经验把教学目标转化为学生的内在需要。中职语文阅读教学生活化是形成以学生为主体、以教师为主导、师生互动的教学方式，构建以生活资源为载体、以生活情境为策略、生动开放的语文课堂。针对中职学生的特点，教学时不但要联系学生现在的日常生活，还要关注学生未来的职业生活。寻找语文阅读教学与职业教育发展的结合点，转变思想，积极创新，提高能力，磨砺人生，为将来的职业生涯打下坚实的基础，实现以就业为导向的职业教育办学理念。

（二）中职语文阅读教学生活化的特点

中职语文阅读教学生活化在传统阅读教学的基础上进行了改革和创新，是一种新型的阅读教学模式。在教学理念和教学策略方面提出了全新的看法和主张，充分体现了中职语文阅读教学应具有的开放性、情境性、实践性、综合性的特点。

1. 开放性的特点

开放性的阅读教学要求中职语文教师在课堂上必须以开放的心态进行阅读教学，引导学生以开放的视野和思维对待周围的事物，不拘泥于文本、教材，不局限于课堂、学校；要求教师在教学时营造开放平等的教学环境、设计开放互动的教学方法、挖掘开放多样的教学内容、建立开放有效的教学评价。开放性的阅读教学要求学生的阅读需求是多种多样的、阅读态度是积极主动的、阅读心理是独特创新的、阅读方式是自主探究的。

语文教育要为学生创设开放的教学情境，营造轻松自主的学习氛围，激发学生的学习兴趣。中职学生来自不同的生活环境，具有不同的个性，因材施教显得尤为重要。虽然他们的语文基础知识比较薄弱，但是他们的思维敏捷，有较强的好奇心，适应能力强。创建和谐平等的师生关系是创建开放性阅读教学的重要手段。在传统的语文阅读教学中，教师的教学评价重视甄别与选拔，评价语言平淡无味，不能给学生以积极的鼓励，束缚了学生创新的欲望，限制了学生的自主性。因此教师在阅读教学中采取开放有效的评价方法，更好地激发学生学习的积极性和主动性，让他们体会阅读的价值、享受阅读的魅力。

2. 情境性的特点

在生活化的语文阅读教学中，要创设良好的教学情境，启发学生通过体验生活情境来理解课文内容，调动学生学习的积极性，激活学生的创新思维。创设情境必然离不开生活，中职语文教师要善于把教学内容转变成生活情境，营造一种生活气息浓郁的语文课堂，引导学生进入熟悉的生活场景。

在中职语文阅读教学中，要通过借助美术、音乐和舞蹈等素材，创设贴近学生生活实际的情境和氛围，让学生轻松愉快地学习语文阅读知识。教师可以从教学需要出发，把语文课堂转化为参观、访问、观察等形式的课外活动。针对专业特点，带领学生去工厂、进车间，让学生主动发现问题并解决问题。当然，创设情境不是单纯地把一些生活性的元素组合在一起，还要丰富内涵、融入情感，中职没有应试的压力，可以尽情享受情境教学带来的优越感，极大限度地提升教学效果。

3. 实践性的特点

在生活化的语文阅读教学中，通过学习实践来检验学生主体性的形成，要着重培养学生自主学习、合作探究的能力。如果语文课堂还是教师一个人的主导，那就无法激发学生的学习兴趣。中职语文阅读教学的生活化强调学生的参与性、实践性，让学生获得一种全新的学习体验。通过创设生活化的教学情境，让语文阅读教学与学生生活实际紧密联系起来，使学生在活动实践中灵活运用相关的语文知识和技能，培养学生凭借已有知识和生活经验解决实际问题的能力。只有这样，学生才能积极主动地参与社会生活，实现自己的职业目标。

4. 综合性的特点

中职语文阅读教学应注重培养学生感受、理解、欣赏文学作品的综合能力，而形成这一能力需要感性与理性的有效统一。传统的语文阅读教学，往往忽视感性的层面，忽略了文学作品给我们带来的多样性。在生活化的阅读教学中，教师要引导学生在理性分析、理解文学作品的同时，还要凭借已有的生活经验去感性地接受文本、体验情感、感受人物形象、品味语言文字。阅读与写作之间有着密不可分的关系，阅读时可以搜集材料，为写作积累素材。学生在阅读中搜集、整理信息能力，综合概括能力，阅读材料的整合能力都能体现在写作中。所以，生活化的阅读教学有利于中职学生读写能力的协调发展。

（三）中职语文阅读教学生活化的作用

随着社会的发展和进步，语文的内涵和外延也在不断地发展和变化着，生活化拓宽了中职语文阅读教学的空间和环境，让语文课堂变得开放自由、丰富精彩。

1. 激发兴趣，养成良好阅读习惯

中职语文阅读教学生活化可以激发学生的阅读兴趣，养成良好的阅读习惯。兴趣可以激发出一个人的潜能，如何使其充分发挥，需要语文教师根据

教学内容以及中职学生的心理特点巧学善用。学生积极主动地参与阅读过程，提出问题、筛选信息、分析讨论、合作探究，这样的过程有利于学生形成良好的思维能力和阅读习惯。阅读教学回归生活，让阅读成为生活的需要，让生活为阅读服务，帮助学生形成勤读、乐读的良好习惯，从而提高学生的阅读能力。

2. 陶冶情操，培养学生健康人格

中职语文阅读教学生活化可以丰富学生的学习生活，形成积极乐观的人格。语文阅读教学不仅关注学生理解能力的提高，对于学生思想的教育、情操的陶冶、精神世界的发展更是责无旁贷。让学生在阅读中体会生活、获得新知，在生活中感受阅读的熏陶和语言文字的魅力。生活化的阅读教学，能够拓宽学生视野、丰富学习生活，使学生获得生活启迪，形成健康人格。

3. 提高综合能力，为就业做准备

中职语文阅读教学生活化不仅能提高学生的文化素养，还有利于学生掌握专业知识和技能。中职学生的文化课基础大多不够扎实，对语言文字的应用也不容乐观，生活化的阅读教学不仅可以增强学生的文化底蕴，拓宽学生的知识面，还有益于对语言文字的积累，促进学生综合能力的提升，为专业课的学习和技能的掌握打下坚实的基础，为未来的就业做好准备。

（四）中职语文阅读教学生活化的策略

实施中职语文阅读教学生活化，关键在于寻找教学内容与学生生活的契合点，让语文课堂向社会生活延伸，让阅读走进学生的生活世界。在教学过程中，教师要善于挖掘教材，将生活元素自然地融入文本，把阅读教学和社会生活紧密地联系起来，让学生在读懂文本的同时，也读懂了人生、读懂了生活。实施阅读教学生活化也给中职语文教师提出了新的高要求：不断地更新教学理念，提高自身素质和业务能力水平，学无止境，与时俱进，关注社会、关注生活。

1. 转变语文阅读教学理念

（1）转变态度，更新教学理念。中职阶段是中职学生从学校走向社会的过渡阶段，是为今后的继续学习和职业生涯奠定基础的重要阶段。运用科学有效的教学理念培养出高素质的技能型人才，关键在于教师提高自身的综合素质，解放思想，更新理念。教师是课堂教学的主导者、组织者，要让课堂充满生机，让学生产生兴趣，树立生活化的阅读教学，充分利用课内、课外的有效资源，拓展学生的学习空间，让学生在生活中学习语文，在语文中感悟生活。在语文阅读教学过程中，教师要有意识地把教学内容同生活实际联系起来，变封闭式为开放式的教学方式，用生活化的阅读态度完善阅读教学过程，向课堂注入生活之活水，使其焕发出无限的生机和活力。同时，教师要尊重学生的阅读心理和情感体验，教给学生阅读的方法，养成良好的课外阅读习惯，从根本上培养学生独立阅读、独立思考的能力。

中职语文教师在阅读教学时要始终坚持"语文教学生活化，学生生活语文化"的教学理念，遵循职业教育的特点，掌握学生的学习需求，给予学生更多的关爱，不仅教会学生书本的相关知识，还要让教学拓展到生活中去，引导学生学会读书，培养自主读书的能力，让学生运用语文改变自己、改变生活。

（2）以人为本，阅读回归生活。教育是促进人发展的重要因素，教育以培养人为目的，以育人为本。"以人为本"是人本主义教育思想的核心，它强调学生的主体作用，把学生作为教学的出发点，主张学生自发的经验学习，重视对学生的尊重和爱护，充分发挥学生的主动性和创造力，主张教学工作要注意建立良好的人际关系和营造轻松、愉悦的课堂气氛，使学生身心健康地成长以适应时代的变化和社会的需求。

第一，以人为本。首先，中职语文教师要培养学生的主体意识，由被动地接受灌输变成主动地思考探究，学生不再是课堂上的"旁听者"，而是课堂的主人，对教师的讲授不再是毫无批判地全篇接受，而是要充分发挥主观能动性；其次，中职语文教师要尊重学生的个性发展，运用恰当的教育方法帮助他们树立自信心，因材施教挖掘潜能，引导学生充分认识自我，实现自己的人生价值；最后，中职语文教师要激发学生的学习兴趣、激活学生的学习动机、调动学生的学习热情、保护其求知欲、呵护其好奇心，因势利导，顺势强化。

第二，回归生活。首先，中职语文教师要引导学生积极地观察和体验生活中的点点滴滴，教师要教给学生采用不同角度、不同侧面的观察方法，关注社会热点话题，积累民间传说故事，用观察带动思考，将生活中积累的素材运用到对文学作品的解析中，把阅读时积累的语言文字应用到社会生活和人际交往中。其次，在遵循教学目标的前提下，中职语文教师要把文本还原成学生们熟悉的真实的生活情境，引导学生置身其中、形成体验、有所发现。最后，学生在阅读文本时，自然地联想到与自己相似的情感或是熟悉的生活以及所处的社会，进而与作者产生心灵的共鸣，获得对生活的理解和感受，回归生活的阅读教学，可以提高学生认识生活、感悟生活的能力。

语文教学源于生活，它来自生命的自觉，生活化的阅读教学要让学生了解阅读是人生命存在的一种状态，懂得语文学习的价值和意义。让阅读注入学生的日常学习和生活，成为生活的必需品，学生从阅读中寻找生命存在的意义，使学生在体验中提升生活品质。

2.更好地突出职业教学特色

（1）突出阅读教学的实用性与技能性。中职语文教学是为中职学生的专业学习服务的，阅读教学要与专业相结合，突出职业教育的特色。教学重点应体现职业特点，突出实用性，有效的语文教学是让学生不仅学会知识，还能将其应用到现实生活和将来的职业生涯中。教师在设计教学内容、确立教学目标时，要结合学生的原有知识基础、现有的学习困难以及学习心理特征，适当降低难度和要求，紧密结合学生的专业特点和未来的职业需求，让学生意识到学会知识是为了培养自己的能力。

中职学生的学习任务相对不重，这为他们提供了广阔的阅读空间。从教学课时里抽出几节课来作为课外阅读课，在拓展学生阅读面与阅读量的同时，还要培养学生良好的阅读习惯，用圈点勾画的方式记录摘抄自认为优美的语句或段落，写下感受，积累素材。在阅读结束后教师组织学生开展小组活动，布置问题，讨论交流；或是组织语文实践活动，举行诗歌朗诵、课本剧表演、讲故事、演讲等活动，实施鼓励、奖励机制，激发学生的积极性和参与性，挖掘学生的智慧和能力。

（2）关注阅读教学与专业的结合。学生要阅读与专业相关的各类文章，读懂主要内容。能对文章中的重要信息进行筛选、整理，最终获得所需要的资料。同时还能根据专业学习的需要选择读物。阅读有关职业理想、行业发展、企业文化等方面的文章，培养健康的职业情感和良好的职业道德。阅读中提高搜集相关职业信息的能力，从阅读中了解社会、了解职业，培养职业意识。阅读自然科学、社会科学类作品，领会作品中体现的科学精神和人文精神，进一步了解经济社会发展和科学技术进步对高素质劳动者的全面要求，增强学习知识和掌握技能的积极性和主动性。

中职语文教学时要因材施教、按需施教，针对不同专业的学生采取不用的阅读教学方式，不同的专业有不同的侧重点，把教学内容和专业特色结合起来，不仅培养了学生的职业素养，还提高了学生的阅读能力，使其更好地适应职业发展的需要。中职语文教师要善于把教学内容与专业特点融会贯通，满足学生未来职业发展的需要，让中职语文教学更贴近生活、更具实用性。

3. 构建生活化的师生关系

师生关系是中职学校众多关系中最基本的一种人际关系，良好的师生关系可以促进学生的身心发展并能提高教学效果。建立民主平等、和谐融洽的新型师生关系是实施中职语文阅读教学生活化的前提。

（1）严中有爱。中职语文教师应该做到既要教书更要育人，站在讲台上盛气凌人、批评指责的教师永远得不到学生的喜爱，实现有效课堂更是空谈。中职学生在初中已经受够了批评指责，自尊心受到了严重的伤害，此时再严加管教只能适得其反。要想让学生亲近教师，教师首先要亲近学生，教师要以饱满的热情去关爱、呵护每一名学生，可以称呼他们的"昵称"，借此来拉近师生心理上的距离，让学生在亲近愉快、宽松民主的氛围中学习，从而形成民主平等、相互尊重的课堂环境。

（2）真情相待。中职学生大多数是住宿生，生活化的师生关系要求教师关注学生的日常生活，做到体贴入微、关怀备至，关心学生的衣食住行，做到雪中送炭。教师应该成为学生在校的监护人，合理尊重学生的兴趣和习惯，注意保护学生的生活隐私，融入他们的生活，成为他们的家人、朋友，让学生感受到学校有着家一样的温暖，而教师又像父母一样关爱、呵护着他们。教学时，教师要善于发现学生的优点，及时给予表扬和鼓励，强化学生的学习兴趣，增强自信心，坚持做到一视同仁，积极争取学生的信赖和爱戴。

（3）亦师亦友。中职学生正处于青年阶段初期，是身心发展的关键时期，部分学生的行为往往表现出自控能力不足，人际关系障碍，等等。因此，中职语文教师应该主动承担起疏导学生心理的工作，无论课上、课下，与学生勤沟通、多交流，成为他们的知心朋友，了解他们的内心世界，时刻关注学生的思想和感情。部分学生不愿当面和教师对话，可以借助现代化的通信手段，如微信、腾讯QQ、邮箱等，分担学生的心事、秘密，正确引导他们解决学习和生活中的难题。

（4）师德熏陶。教师的教学态度和风格直接影响了学生的学习态度，在很大程度上也决定了师生之间能否建立良好的关系。中职学生常常在课堂上表现出注意力不集中的现象，如嬉闹闲聊、玩手机游戏等，这些现象需要教师的关注和重视，用温和的语言、恰当的方法去纠正。教学中，始终保持良好的教学态度和风格，调动学生学习的积极性，提高教学效率，做一位德艺双馨的好教师。年轻教师要不断地充实自我、完善自我，向有经验的老教师请教、交流教学和管理的心得。时常进行教学反思、钻研教育理论、探索教学艺术，努力将自己塑造成为一位关爱学生、教态优美、学识渊博、具有强大人格魅力的教师。

4.有效利用语文阅读资源

（1）挖掘教材，深化文本。中职语文教学时，教师要选择恰当的阅读策略指导学生挖掘教材，深入文本多角度地进行品读，培养学生的阅读能力。例如，朱自清的《荷塘月色》是一篇意蕴深厚、借景抒情的散文，为了帮助学生理解作者的苦闷心情，把"这几天心里颇不宁静"作为切入点，并结合当时的社会背景。但若将作者的苦闷仅归于此，显然又不是很全面，所以需要挖掘教材、深化文本。

（2）课外阅读，拓展补充。中职语文教师要为学生提供阅读书籍的平台和机会，激发中职学生阅读的兴趣，培养他们养成良好的阅读习惯。教师应结合学生实际情况，列举优秀的书籍；鼓励学生养成查阅工具书疏通阅读障碍的习惯；指导学生创建班级图书角，互通有无、交流心得；组织学生参加学校阅览室的读书活动，鼓励学生向校图书室或市图书馆借阅图书；帮助学生制订课外阅读计划，保证阅读时间；开展各种读书活动。

（3）网络资源，取之精华。网络已经成为人们生活的必需品，同时它也是一把锋利的"双刃剑"，中职语文教师应积极采取措施把网络带给学生的负面影响挡在门外，引导学生正确使用互联网。利用多媒体网络教室，为学生创设和展示阅读情境，提高学生的阅读兴趣；利用校园网的优势，创设贴近学生生活的网络文化；倡导学生正确利用互联网有效开发阅读资源，开阔视野，拓展阅读空间，促进中职学生的个性化发展。

5.让语文阅读"活"在生活中

（1）贴近生活，构建生活化课堂。

第一，导语激趣。通过设计导语，唤醒学生的生活经验，利用已知激发对未知的兴趣，让学生以最佳的兴奋状态投入学习。根据不同的教学内容，设计导入语的方法手段也是千变万化、花样繁多：设置悬念、创设情境、开门见山、诙谐幽默、引用诗词、讲述故事，等等。

第二，提问点拨。教师的提问是语文课堂教学活动的重要环节，是实现教学目标的一种手段。教师提出的问题是否能激发学生思维、调动学生的积极性、考量教师的综合能力，直接影响着一堂课质量的好坏。课堂提问需要教师精心酝酿，设计的问题既要有启发性又要有趣味性；既立足于学生生活又能达到提问的目的。教师合理调控，使用机敏风趣的语言，给予学生热情的鼓励，以及适时恰当的点拨。

第三，情境体验。创设生活化的教学情境，语文教师将学生引入预先设计好的生活场景中，引发学生的情感体验，帮助他们体会作者的创作意图。多媒体教学手段的灵活运用让生活化的情境教学如虎添翼，激发学生的学习兴趣，提高记忆效率；活跃课堂气氛，增强情感体验；有效缩短教学时间，提高教学效率。

（2）深入生活，开展生活实践。生活化的阅读教学就是将语文阅读学习和生活实践紧密联系，努力挖掘与教材、专业、生活相关的元素，让学生在生活实践中学习语文、应用语文，提高语文能力和综合素质。

第一，课本剧表演。中职学生希望受到关注，但又缺乏自信心，不愿在众人面前展示自己。课本剧的编演可以培养中职学生的创新能力，在编写剧本时，学生对故事情节进行了适当的添加或删减，根据人物性格对语言进行了加工处理，使整个表演既诙谐幽默又形象生动。开展课本剧表演的实践活动不但可以激发学生的阅读兴趣和表演兴趣，还能陶冶情操、增强自信心。

第二，内引外联。中职语文教师要善于通过教学内容，拓展语文实践活动，引领学生走进生活，从课堂的狭小空间步入社会的广阔空间。例如，教师在讲《将进酒》和《念奴娇·赤壁怀古》时发现，这两首传世佳作都是李白和苏轼在官场失意时写下的，体会作者的思想感情，再联系作者的生活经历、时代背景，不难发现导致文人官场失意的种种原因。课后布置实践作业：调查现代社会中，毕业即失业的原因。这样的活动是为了使学生联系生活实际，多角度、多侧面地了解历史和现实的社会生活，培养学生的职业意识和初步规划职业的能力，为将来的毕业树立正确的择业观和就业态度。

第三，情景表演。根据中职学生的生活实际需要和职业需求，将语文学习和专业训练有机结合，组织形式多样的语文综合实践活动，拓展和延伸课堂教学，如学习《洛阳诗韵》一文时，设置了这样的综合实践活动：请学生以一个导游的身份，向游客介绍代表洛阳特点的景观，景观选择不受教材内容局限。这样的活动不仅加深了学生对洛阳的了解，也引发了学生对祖国大好河山的热爱和对中华民族文化的挚爱，更加锻炼了学生的语言表达能力。

（3）感悟生活，积累生活经验。阅读时，中职语文教师要善于引导学生感悟生活，勤于思考，不断积累生活经验。学生应该广泛地接触社会、融入社会，不光是听和看，更要去思考、去感受，凭借多种感官去观察生活，认识世界，积累经验。此外，读书让求知的人获得新知，让无知的人变得知事；阅读把枯燥乏味的学习变得生动有趣，把黯淡无聊的生活变得多姿多彩；阅读让学生收获快乐，让学生感悟生活，在生活中阅读，在阅读中成长。

二、中职语文阅读教学中的文本细读

（一）课程教学语境下的文本细读认知

课程教学语境下的文本细读不同于文学批评语境下的文本细读，是对新批评派文本细读的一种借用。在课程教学语境下，文本细读结合了语文学科的工具性与人文性特征，从语言的语音、字词、语义、修辞等层面入手进行分析，整体把握文章内容，从而进入对文章思想感情层面的感悟和理解。课程教学语境下的文本细读要求细读主体调动自己全部内在，运用视觉、听觉等多种手段和各种视角融入自身独特的情感体验直观文本，并在此基础上对文本进行细致、精确、全面的语义分析，实现对文本意义深入、透辟的解读。课程语境下的文本细读的实质是以教师的细读引领学生细读，以教师的细读体验唤醒学生的细读体验，是教师引导学生与文本（或作者）进行对话，让学生在与文本对话的过程中主动地、富有创意地建构文本的意义。课程语境下的文本细读对于学生而言，既是一个发现的过程，又是一个体验和创造的过程。

1. 课程语境下文本细读的主要特点

课程教学语境下的"文本细读"的提倡与实践，有利于完成学生、教师、教科书编者、文本之间的多重对话。其服务对象转移到了教学身上。其根本宗旨和价值取向是通过发挥阅读主体的创造力，发掘文本意蕴。教师和学生是阅读教学的主要参与者，文本细读教学要求教师始终立足文本，先行获得对文本的细读体验，并在课堂教学中以自身的细读体验为基点引导学生直面文本，让学生对文本的语言、结构、意义及隐藏于字里行间的深刻意蕴进行多角度、多层级的品读和挖掘。领会作品的丰富内涵，激活内心的情感体验。课程语境下的"文本细读"不仅需要立足于对文本的理性分析，更强调学生对文本的自身体验。强调将自身"体验"融入"细读"，注重学生与文本之间的情感交流。

课程教学语境下的"文本细读"主要应用于语文阅读教学中，通过教师的指导和示范，帮助学生逐渐掌握文本细读的方法，并最终能够独立应用这一方法进行阅读。课程语境下的文本细读既是一种阅读层面的方法，又是一种阅读教学层面的方法。

2. 文本细读引入语文阅读教学的意义

将"文本细读"引入中职语文阅读课堂，有利于纠正当前中职阅读教学中普遍存在的问题，进而提高阅读教学的效率。除此之外，文本细读应用于中职语文阅读教学还具有以下方面的价值和意义：

（1）有利于确保学生学习主体的地位。学生在语文阅读教学活动中居于中心位置，教师、教材及其他一切的教学活动，都是为学生服务的，这充分体现了学生学习的主体地位。中职语文阅读教学中存在着学生主体地位缺失的现状，普遍存在着教师在讲台上激情讲演，学生只是充当听众的角色的现象。学生处于被动状态，学习的积极性和主动性得不到充分发挥。文本细读应用于中职语文阅读教学，有利于确保中职学生的学习主体地位。

语文阅读教学的实质是教师、学生及文本之间的多重对话过程，其中学生与文本之间的对话是阅读教学实施的前提和关键。文本细读教学的实质是在教师细读文本的基础上，引导学生与文本进行深度对话，帮助学生理解文本，对文本形成自身独特的感悟和审美体验。课前的细读主体是教师，教师在课前通过对文本的细读获得自身对文本独特的体验和感受，在此基础上结合学生学情，确认教学的内容和教学实施的策略。教师的细读不是毫无目的地随意地读，而是以考虑学生的实际需要为出发点地细读，这样的细读保证了以学生为中心。

课堂上的细读主体是学生，教师的任务不是把自身细读的感悟灌输给学生，而是要想方设法引导学生直接与文本对话，让学生在品味文本语言的过程中形成对文本的深刻的理解和感悟。学生的主体地位在这一过程中得到落实。细读教学过程既是学生与文本之间的对话，也是师生之间、生生之间的对话，学生在多重对话的过程需要主动参与、积极思考、勇于表达，学生的主体地位在交流分享的过程中才能得到保障。

（2）有益于提高中职语文阅读教学的有效性。当前深化课程改革的关键和根本要求是提高课堂有效性。作为阅读主体的学生与文本之间是否发生了内在的交流，以及这种交流是否深刻、流畅和完整是课堂教学质量高低的评价标准。文本细读作为一种读书方法，不能只停留在读懂文字表面意义，还要求在读的过程中融入思考，通过思考感受文本、理解文本、领会文本，并对文本做出判断。文本细读教学是在保证学生与文本充分接触的基础上展开教学，这样做既保证了学生作为阅读主体的地位，又避免了在学生还未与文本进行充分接触的前提下就解读文本重点，这样有益于保证阅读教学的有效性。

文本细读教学的实施以教师的细读先行作为前提，教师通过细读文本，对课文有了深入研究，既对课文形成了整体感悟，又对文字的组合，蕴含的思想、情感、价值观等有了深入浅出的把握，形成了自己独特的理解和思考，保证教师制定的教学内容和教学目标的有效性，教师在课堂上对学生的指导更具针对性，有益于确保教学的有效性。

（3）促使中职语文阅读教学回归阅读教学的本质。语文教学的目的在于培养学生感受语言、理解语言、积累语言、运用语言的能力，并在学生感受、理解、积累、运用语言的过程中使学生获得情感的熏陶、智慧的启迪和审美的乐趣，在学习语言的同时学会做人。

许多中职语文阅读课，往往只注重引导学生关注课文的内容和思想感情，不注意引导学生品味课文的语言，一味注重内容理解、人文感悟，忽视语言的理解与运用。把学生对课文内容的理解当作教学主要的和唯一的目标，对课文中词句的表达效果、作者怎样运用语言表达思想和内容完全不顾，不注重引导学生在读的过程中学会写，这是一种失衡的做法。这种做法必然导致语文阅读教学的低效。

语文阅读教学中的文本细读要求在教师指导下使学生获得对文本的感知、理解、评价。文本细读从字、词、句入手，结合语言的修辞及其背后的丰富意蕴、内涵进行解读，可以使学生从语言进入文学文本的意义世界。倡导文本细读不仅能引领学生感悟到课文的思想内涵，也能引领师生体悟语言表达的力量与魅力。

（二）中职语文阅读教学中文本细读的策略

文本细读是提高中职语文教学有效性的必然途径，文本细读应用于中职语文阅读教学需要落实两个具体的操作步骤：一是教师的细读先行；二是文本细读教学的具体实施。其中教师的细读先行是实施文本细读教学的前提和基础，只有教师先进行文本细读，对文本形成深刻的细读感悟，才能有效地指导课堂上的文本细读。文本细读教学的具体实施是文本细读应用于中职语文阅读教学的最终落脚点，其实质是在教师细读的前提下，引领学生细读，凭借教师细读的体验唤醒学生的细读体验。只有在课堂上具体地实施文本细读教学，才能促使教师的细读向学生细读的转换，学生也才能在细读过程中获得阅读感悟、掌握细读方法。

1. 教师对文本先进行细读

（1）中职语文阅读教学是学生、教师、文本之间对话的过程。在这一过程中，作为阅读主体的学生，通过阅读教学感受形象，品味语言，领悟作品丰富的意蕴，体会作品的艺术表现力，最终形成自己对文本的情感体验和思考。教师是学生阅读的引导者，在教学过程中起主导作用，要想帮助学生完成真正意义上的阅读与欣赏，教师就必须对文本进行细读。如果阅读课前教师没有充分地对文本进行细读，就不能形成对文本的深刻理解、感受、欣赏和评价，阅读课上也就很难与学生开展有效的对话，无法游刃有余地驾驭课堂。只有教师通过细读获得了感悟，才能帮助学生获得感悟；只有教师通过细读有了情感体验，才能引领学生获得情感体验；只有教师通过细读被感动了，学生才有可能被感动。

好的阅读课，深深植根于文本细读的基础上。中职语文教师的文本细读是阅读教学的前奏，阅读教学内容的选择、重点难点的确定、教学方法的选取在很大程度上取决于教师对文本的解读。教师通过细读每一篇课文，以文本的细节为基础，"沉入文本"，挖掘课文中有价值的教学内容，并依据学生的学情具体确定教学的重点和难点。教师在细读文本的过程中确定细读的关键点，依据细读关键点，确定合适的教学方法进行教学。因此，教师的文本细读直接决定着课堂教学的内容及实施方式，直接决定着阅读教学的优劣。

（2）中职语文教师实施文本细读教学应具备的理念和意识。

第一，具备"文本细读"的理念。实施文本细读教学，中职语文教师首先应具备"文本细读"的理念，主观上对"文本细读"引起足够的重视。认识到文本细读在阅读教学中的作用，掌握文本细读的方法和原则。通过研读大量的关于课程改革、文本细读理论的教育教学著作，结合理论在实践中不断摸索总结文本细读的方法。探寻新课程背景下对教材细读的新思路，从而提升教师对文本的解读能力。

第二，明确阅读教学的目的。传统的阅读教学的教学目标是理解课文内容，体会文章情感，教学价值定位在阅读本身。在这样的教学目标的引导下，学生通过学习所获得的是"意义"和"情感"。阅读教学的目的仅仅是"理解"。只有当阅读教学的目标跳出阅读自身的窠臼，从对语言的理解转向对"语言形式"的学习和运用时，教学内容才会随之发生根本性变化。中职语文教学的根本任务，就是培养学生对语言文字的理解力、敏感度和表达力。阅读的知识并不仅仅是关于阅读对象（文本）本身静止的知识，更多的是关于阅读和写作的可以增值的知识；阅读的过程和方法不再隐藏在课文内容教学之中，而是从课文内容教学的幕后走向了阅读教学的前台，文本细读更强调文本自身的价值，是实现这一任务的有效途径。教师在实施文本细读教学时，只有明确了阅读教学的正确目的，才能更好地利用文本细读实现阅读教学这一目的。

第三，确认学生是文本细读教学中的主体。中职语文阅读教学中的细读，其实质是教师引导学生与文本、作者、编者进行对话，让学生在与文本的对话中，感受艺术的魅力，增加生活的诗意和情趣。阅读教学中的文本细读虽然强调教师的细读先行，但细读的主体是学生，目的也是学生。对一篇课文的理解、感受，始终都是学生这一阅读主体的阅读和感受，阅读教学不是语文教师讲述自己对课文的理解和感受。教师在备课时心中一定要有学生，始终要考虑学生的主体地位。教师不能代替学生个人的阅读和思考，教师的细读不能替代学生的细读。

由于作为阅读教学主体的学生，并不是理想的细读主体，学生知识储备总体不足，阅读经验尚待丰富，阅读策略不够成熟，这就阻挡了学生对文学作品的深入理解和渗透。中职语文教师作为阅读主体的"辅助者"，就需要借助自己的人生阅历优势，努力创设情境，对学生的疑问给予形象而通俗的讲解。从语言、细节、篇章结构到文化背景都努力做出独到的解读。根据学生的认识水平、阅读经验、思维方式等作换位思考，在课堂上通过细读示范训练学生的阅读能力，并传授一些文本的阅读技巧和方法。教师实施细读文本教学时要明确阅读教学中的细读主体是学生，确认自身作为辅助者和引路人的角色。

第四，更新备课理念。中职语文教师通过对文本的仔细阅读，可以实现对文本意义进行准确和透辟的理解是语文教师备课理念更新的一个重要方面。传统钻研教材的目的主要是寻找教学中的重点和难点，以及设计突破重点和难点的方法。而文本细读则要求语文教师的备课应具有新的理念和新的视野，更新备课的理念首先就是要树立"语文意识"。

2. 文本细读教学的实施

课程教学语境下的文本细读最终是为课堂教学服务的，中职语文阅读教学中的文本细读实施要注意以下方面：

（1）保证学生充分阅读文本，整体把握文意。阅读教学中的文本细读是教师通过将自身解读的亮点转变为课堂上学生学习的着眼点，引领学生直面文本，揣摩语言，将文字还原成画面，还原成场景，激活学生丰富的生活体验和阅读积淀，带领学生挖掘文本的深层内涵及感悟情感，获得审美享受和情感升华的过程。学生是学习的主体，学生与文本的充分接触显得尤为重要，在学生还未对课文形成整体印象，对课文的重点部分尚不熟悉的前提下就要求学生对文中的词语、句子进行品味咀嚼，必然因火候未到而造成学生体会不深、理解肤浅、不得要领。因此实施文本细读教学教师首要的是确保学生充分阅读文本，把握文意。读通、读顺是阅读教学最基本的要求，只有在读通、读顺的基础上才有可能进行词句的深入品味和感悟。学生没有充分阅读文本，文本的位置在学生大脑中就会处于空缺或半空缺状态，导致所有的理解、感受就成了泛泛之谈,最终让语文教学事倍功半。保证学生充分阅读文本是保证课堂走出"架空文本""无效讨论""无中心拓展"等教学误区的有效手段,课堂教学才有可能走向高效,才能取得实效。

学生对文本的充分阅读如果完全依赖在课堂上完成,势必花去大量的课堂教学时间,不但不能完成教学任务,"细读"也只能成为一句空话。因此,既要保证学生充分阅读文本,又要保证"细读"教学的高效性,课前的预习显得十分重要。对于缺乏学习主动性和积极性的中职学生而言,如果只是口头布置预习,大部分中职学生并不会主动去阅读课文,即使一部分学生进行了预习,也只是匆匆浏览一遍课文,谈不上充分接触文本。在实施文本细读教学的过程中,为了使学生的预习更有针对性,保证学生的预习真正得到落实,教师可以依据课文内容、体裁、讲读形式等灵活进行设计,结合课后练习,采用"课前导读表""导学练习"等形式布置学生预习,保证预习环节得到充分落实,并注重抓好课前的检查,有效地保证学生能够充分阅读文本。

（2）引领学生品味语言,挖掘文本深层内涵。学生能够"粗略"读懂的是文章的基本内容,对文意的把握停留在对文本的表层含义的把握之上,属于"浅阅读"。学生要真正读懂一篇文章,应该是对文章的深层内涵有所领会。而文本的深层内涵恰恰隐藏在学生不能够领会的文本的"深奥之处"。深入理解文本内涵是阅读教学成功的关键,挖掘文本的深层内涵,必须通过品味语言来实现。任何作品都是由语言构成的,任何文本中深刻的思想、充沛的情感、精妙的诗趣哲理都是依托词语、句子呈现的。任何作品的解读都必须从语言入手。新课程改革也强调语文教学应该从"关注文本"向"关注文本的语言"转变。文本细读具有指向言语的特性,细读的起点一定是文章的语言。细读文本时需要对文本中重要的词语、句子、段落甚至标点等关键点进行品读。

品味语言的实质是通过对作品中的语言文字进行品析、体味、品评与欣赏,发掘文学作品字里行间所蕴含的意思、意味。它不是一个单一的读的过程,它与理解、感受同步进行,理解、感受的过程就是品味语言的过程。细读教学的重要内容之一是引领学生品味语言。加深对文本的理解,掌握作品语言表达的规律，提高运用语言的能力是品味语言的目的。品味语言的方法尤为重要，实施文本细读教学时教师可以引导学生品味语言常用的方法如下：

第一，结合语境品味语言。文本细读中的语境特指某个词、句或段与它所在的上下文之间的关系，正是这种与上下文之间的关系确定了该词、句或段的意义。语境是文本细读的一个关键点，只有品读好语境才能更好地理解文本的内涵。联系语境品读是品读语言的根本原则和总的方法。"品味语言"所要品味的不是"用于积累"的脱离语境的所谓"好词好句"，而是那些在具体语境中贴切地表达意思、意味的字词和语句。所品味的不是好词好句的"精彩"——给它们贴上"生动""传神"等标签，然后画出、记住，而是对这些字、词、语句在具体语境中的真正内涵、感情色彩和表达作用等进行辨析、品味和理解。

第二，在比较中品评语言。比较是鉴别的基础，在比较中语言运用得好坏得到最直观的展现，细读文本、品味言语的简捷通道就是比较。细读文本时运用比较的方法，能帮助学生更真切地感知文本内涵，学生通过改换词语中的用字，变换不同的句式、变换语序的顺序，参看作者的修改稿等不同形式的比较，辨别语言的优劣，情感的深沉，发现文本语言的妙处，品评语言的意蕴，走进人物的内心世界，从而对文本形成自身独特的感悟。同时提高学生对语言的敏感度。

第三，破解矛盾理解语义。文本的语言只是一种显性的存在，而作者真正所要表达的思想和情感往往隐藏在语言这一外在形式的背后。为满足表情达意的需要，作者在进行文学创作时会有意设置很多"矛盾"，因此文本中会出现一些看似自相矛盾的句子、成分间"悖理"的搭配或词语使用不合习惯等语言现象，教师引导学生发现并破解这些矛盾悖理之处，往往能够使学生对文本的内容有更深入的理解和把握，了解作者的表达方法和技巧。

第四，圈点批注深化感悟。圈点批注是读者在阅读时结合自己的生活经验与文本对话，为深刻领会文章思想内容、语言形式与情感，用文字或符号把对文本中关键处、精彩处进行深入思考的结果和感悟的内容记录下来的一种阅读方法。圈点批注的过程不仅是对文章思考、品评、鉴赏的过程，也是消化、吸收、转化和运用的过程，是多角度、高层次的阅读活动。在细读教学过程中，圈点批注既是帮助学生理解感悟文本的手段，又是促使学生内化语言的方法，是细读文本的一种重要且行之有效的方式。

实施文本细读教学的过程中，教师要有意识地指导学生在阅读文本的不同阶段运用圈点批注的方式细读文本。初读文本时，要求学生标注自然段的序号，圈出需要注音、注释的生字词语，勾画文章的中心句或重点语句及初读时有所感悟的字词句段，这样做的目的是促使学生读通文本、理清思路，了解文章的结构框架，整体感知文章的内容；再读文本时，则设计相应的问题，让学生带着问题阅读文本，在阅读的过程中找到问题的答案并进行圈点勾画，这样教学的重难点、疑点，解读文本的关键字、词、句、段就会被学生发现，引起学生的思考，这样做的目的是帮助学生读懂文本；三读文本时，让学生对圈点勾画的内容进行深入的思考，作批注、写感悟、作评价，将学生对文本的理解引向深入，这样做的目的是让读者真正走进作品，形成自己的理解和感受，产生自己对文本的独特创见。这样圈点批注就能始终贯穿细读教学的始终，真正做到把学生的时间还给学生，体现学生学习的自主性和主体地位。避免了以教师的讲解代替学生的阅读实践。圈点批注可以促使学生在读书时深入思考、拓展思维、培养习惯、形成能力。学生养成圈点批注阅读习惯可以提高对文本的感悟、理解、欣赏、评价能力。养成圈点批注的阅读习惯，学生将终身受益。

（3）创设情境，激发想象，激活体验，实现阅读还原。语言文字所描述的显像结构本身没有直接可感性，必须借助于人的想象，将干瘪枯燥的符号还原为形象鲜活的画面，借助联想将已有的生活经历和经验还原产生移情体验，产生一种如临其境、如见其人的阅读"心理图像"，即实现阅读还原。从某种意义上说，阅读的能力就是"还原"的能力。实现阅读还原需要激发学生的想象，或是激活学生过去的某些与文字所描绘相似的情感体验。阅读还原是读者与作者心灵对话的桥梁和通道。细读不只是读，还需要借助想象和联想，若细读不能产生想象和联想，读了等于没读。想象、联想是实现阅读还原的主要途径。

文学是人学，是人情感的外在表现，文本细读教学法讲究情感原则，尊重文本的情感性，有效激发想象和激活情感体验的有效途径之一就是创设一定的情景使学生走进文本并走进作家的精神世界。文本细读教学中，教师要善于通过各种途径和方法创设文本情境，激发学生的联想和想象，移情于文本，深切感悟文学文本的情感因素，并最终融入审美对象。这样学生在获得美的享受的同时，审美趣味就会得到提高，并获得对生命意义的深刻感受和领悟。帮助学生从各自的经验出发去实现与文本的融合，学生在对文本语言进行拓展与延伸、对应与联系、探寻与创造的有效链接中，文本语言的内蕴也逐渐变得丰润起来。

（4）设计基于文本语境的说、写训练，实现迁移贯通。读写结合是天然的教学现象，阅读教学中如果没有了"写"，就损失了半壁江山。遗憾的是日常教学中许多教师的阅读课都没有让学生动笔，而是将大量宝贵的时间浪费在琐碎的答问、浅谈的讨论和教师超量的话语上。阅读教学应该腾出时间、腾出手，让学生多读多写。文本细读是阅读教学的起点，也是写作教学的落脚点，用细读来促进写作，用写作来再现细读。推动文本细读，需要细读成果的表达和再现。教师组织阅读教学时，要具有"迁移运用"的眼光，将阅读与写作结合起来。通过学生表达和再现，将细读引向深入。读写结合是推动文本细读的重要手段。教师在文本细读过程中应关注文本怎么写，为何这么写，发现隐藏在文本中的语言增值点，设计基于文本语境的说、写训练，在读写互动中迁移学生的表达能力。

3. 文本细读教学的重点

（1）注重诵读。诵读是感悟作品的基本策略，是语文训练最基本的形式和手段。对文本进行反复朗诵，本身就是进行文本细读的方式之一。中职语文教师要重视诵读在文本细读中的作用，善于引导学生对课文中的重点段落、句子进行反复诵读，让学生在反复诵读的过程中理解课文的思想内涵、感受文中的情感熏陶。可以尝试运用教师范读、学生表演朗读、配乐朗读、个别读、小组读、分角色读、全班齐读等多种方式指导学生反复诵读全文或文中描写精彩的段落、情感丰富的段落、解读的关键段落、关键的词语或句子。让诵读贯穿整个细读教学过程的始终。并注重每一次诵读前一定要针对诵读的词语、句子段落进行诵读要点的指导，以及对诵读停顿、重读等的指导，注意针对学生的诵读进行指导和积极正向的点评。细读教学中注重诵读形式的多样性，保证诵读的效果，让学生在读的过程中加深对文本的理解，获得体会，读出自己的感受和情感来。

（2）重视"对话"。阅读教学是学生、教师、教科书编者、文本之间的多重对话，是思想碰撞和心灵交流的动态过程。文本细读教学在某种程度上表现为一种多形式的自由对话过程，其本质是为了促进学生言语和精神的协调发展。文本细读教学中重视"对话"，能够打破中职语文阅读教学单一的教学模式，改变教学现状，在一定程度上调动学生学习的自主性和积极性。应用文本细读进行教学，教师首先就要认识到"对话"教学的重要性和意义，在教学过程中始终贯彻"对话"原则。一方面明确倾听是对话的基础，没有倾听就没有对话。理解是对话的核心，只有在理解的基础上进行的对话才是有效的对话。一切对话最终又要回归到倾听这一起点上来。教师要为理解去倾听，不要为评价去倾听，只有这样的教育才能有其真正的意义和价值。另一方面，教师要在对话中掌握言语的主动权，站在学生的立场上思考问题，挖掘学生言语表达的深层意图，让学生感觉到对话的自由和平等，并运用多种教学技巧来促使对话的有效展开。

（3）倡导多元思维和个性化解读。阅读是学生的个性化行为，不应以教师的分析来代替学生的阅读实践，这就要尊重学生对语言体悟和品析时的多元化感受。在细读文本时提倡多元思维，鼓励多元价值的解读，这样才能获得对文本丰富而深刻的思想内涵。由于阅读主体的生活阅历和阅读态度不同，导致每一个人细读文本时的理解和感悟不一定相同，因此，文本细读的细读结论不存在唯一的标准答案。细读教学的过程是一个师生间相互启发、相互补充、相互交流的过程。教师需要珍视并尊重学生阅读过程中的独特体验和感悟。

三、中职语文阅读教学中的人文教育

人文教育就是人文精神在教育中的渗透和体现，旨在培养学生的人文精神，提高学生的人文素养，人文教育的核心和实质是人文精神。要想真正解决当前教育中以及社会中存在的问题，就应对学生进行人文精神的培养，人文教育的内涵主旨即在于此。中职语文阅读教学中人文教育的实施可以从以下方面着手：

（一）有效挖掘语文文本中的人文因素

语文文本中蕴含着丰富的人文因素，是对中职生进行生命意识、责任意识、爱的教育、理想与意志、审美意识等人文教育的良好资源。要在阅读教学中让文本中的人文精神得到有效再现，中职语文教师就必须钻研文本，正确把握并有效挖掘文本所蕴含的丰富的人文精神。

第一，用拓展的眼光挖掘文本内蕴的人文因素。阅读是一种个性化的行为，需要把独特感受与作品内涵结合起来。阅读过程是学生按照自己的兴趣、情感、理解、想象乃至潜意识行事的主动者，进行关照体验和艺术的再创造。其与敞开的文本对话，把自己的生活当正文，把文本当注解，读出自己眼中的世界。

第二，用时代的眼光去挖掘文本蕴含的人文因素。在信息化时代，受多元文化的影响，学生在阅读过程中与文本背后的作者对话交流时，因所处的时代不同会不唯作者原意是瞻，甚至有时采取背叛性的阅读。特别是今年中职语文新大纲的颁布，新老教材处于交替的时期，对于不同时代的选文尤其是时代较早的选文，特别是寓言和古文以及诗词的教学，我们更应慎重，注意因时代不同造成的审美、观念等的差异。

第三，用适度模糊的眼光去体悟文本蕴含的人文因素。语文文本内容包罗万象，内涵丰富多彩，是一门具有较强模糊性的学科。文学作品所反映的社会生活复杂、广阔、深刻，使文本具有歧义性、模糊性、不确定性；再加上阅读是读者与文本对话、体验共融创造的循环往复的过程，受读者情感、知识、审美、观念等诸要素的影响，对文学作品的任何解释也就不是唯一的、正确的、最后的解释了。

（二）倡导诵读的语文阅读教学方法

诵读是培养书面语的语感、大量积累语言材料、提高读写能力和语文素养的必要途径。通过诵读文本，学生想其景、揣其义、摹其情，在耳濡目染、潜移默化中提高了语文素养，涵养了人文精神。

第一，诵读唤醒文本的生命律动。汉字是音、形、义的统一体，由汉字象形、会意、形声、指示等造字法可知，其形体结构往往具有直观性、象征性等特点，汉字就是文化的形体结构。汉字可以与人们的思想、情感和生活密切相连，与民族文化是内在同一的。汉字是"有筋、有骨、有血、有肉的生命单位"。同时汉字独特的声调又有着音乐般的气韵，具有音乐美。汉字是有温度的，汉语言是有生命的。如果说一个个汉字是音乐中的音符，那么中职语文所选的阅读文本就是一首首优美的乐曲。诵读作为语文阅读教学重要方式之一，就是要超越对文本局部的、片段的理解，培养学生的语感和整体感知，进而想其景、揣其义、摹其情，引领学生进入文本世界，把握文本深层含义。

第二，诵读唤醒主体人文精神的再创造。诵读是人多个感官综合感受的结果，在诵读过程中人的眼、手、口、耳、脑等都要动起来，多种感官协调活动。如果说语音是舞动的乐符，那么语言则是舞动的乐章。在抑扬顿挫、错落有致的诵读中会唤醒主体人文精神的再创造。语音作为文字的声音表达，同样是形成汉语诗性特征、表达文化意蕴的重要手段和方式，特定的音响能象征稳定、永恒、明暗、大小等，能暗示激越、温柔、感伤、愉悦的复杂感情。诵读中，节奏的明快、声音的和谐，能产生理想的音响效果，使学生各种内在情感的意义达到奇妙的对应，与人的情感形成同构对应关系。在诵读中会产生丰富的想象，能激发读者的精神再创造。

（三）构建充满人文关怀的语文课堂

在中职语文阅读教学中，教师应构建充满人文关怀的语文课堂，让课堂充满成功和师生和谐的笑声，让课堂洋溢智慧和丰富多彩的答案，让课堂成为学生心灵自由翱翔的殿堂。

1.构建宽松自由的语文学习情境

构建宽松自由的语文学习情境，可以唤起学生主动体验的热情，学生是课堂上具有独立人格的主体，中职语文教师应把学生当成一个主动积极的认知者，只有解放他们的思想，把文本普遍意义与个性化的解读有机结合起来，才能很好地实现语文阅读教学的人文精神的培育。就是要求我们在具体教学过程中，运用多种教学手段创设与文本相同或相似的课堂情境，给予学生自由，让学生自主、自信地去学，发挥他们的主体积极性。这些自由主要体现在以下方面：

（1）思想自由。传统语文教材中存在着不同程度的单一化、模式化的作品解读套路，这禁锢了学生鲜活的思想。在中职语文阅读教学中要让学生们"敢想"，鼓励学生独立思考、大胆质疑。面对课文，教师和学生之间，教师、学生和作者之间应该在平等的基础上，各抒己见、交流碰撞。当然，有时学生的见解是偏颇的，甚至是错误的，但教师也不应该把自己带有普遍意义的"见解"强加给学生，而是要引导学生不断自悟，在平等交流中得到修正。当然有更多的时候学生对文本有着独特的体验和理解。

（2）言论自由。中职语文教师应鼓励学生大胆说出对作品的个性化解读。提出问题是学生思考和质疑的具体外在表现，而说出来则是学生思想和体悟内化的过程。课堂上，学生言论自由，敢于问问题，敢于发表不同见解，能够独立思考、畅所欲言。这样，在阅读教学过程当中，学生的体验与教师的体验能够形成有效交流沟通，这也会进一步激发教师的教学灵感，在这种交互中创造出意想不到的成果。但现在的教育存在的弊端是教师往往有意无意剥夺了学生在课堂上言论自由的权利，学生主体积极性没有得到充分发挥。所以让学生畅所欲言，给学生言论自由，往往能开发学生的多元思维。

（3）行为自由。在语文教学中，根据中职特点给予学生行为自由尤为重要，中职语文需要注意以下方面：

第一，根据不同的课型教学的需要，可改变现在教室座位单一的排列形式。在以小组为单位的合作式教学中教师可把"讲台"搬到学生中间去，形成多个方阵，或形成圆桌会议式等形式，发挥生生之间的互助协作。

第二，根据不同文本的难易和教学目标的需要，在课下充分准备的基础上，课上可以让学生当一回"小老师"，鼓励学生大胆走上讲台，这有利于培养学生敢想、敢说、敢做的个性。

第三，力求课堂向社会、向大自然延伸，鼓励学生多动手、动脑，多参加实践，合理利用报刊、图书馆、电子网络、实践工厂企业等有效资源，开阔学生的视野，使之了解人类文化的多元性和世界的多样性，学会正确的认识和评价社会。

2. 构建交流互动的语文学习氛围

交流是有效教学的前提和基础，构建交流互动的语文学习氛围对中职语文阅读教学尤为重要，要使语文阅读教学有激情、有活力、有创造，就必须展开多角度、多层面的交流，让不同的生命体悟、不同的意见在交锋冲突中得以丰富提高，使其人格、灵魂、精神等得到全面构建。中职语文阅读教学要形成这种交流对话，教师应注意以下方面：

（1）平等，教师和学生在教学中是平等的主体，在交流过程中教师是平等者的首席。语文教师不能把学生看作有待加工或重塑的对象，更不能把学生当作"器""筐"，总想往里"灌"或"装"，学生是讨论共同文本具有独立人格的主体。在交流过程中，基于平等的人格，师生双方把各自的情感、思想、体悟、经验与知识等都参与到交流中，双方在交流互动中滋润了其阅读的灵性，获得精神的沟通与升华。

（2）充分，即给予学生充分的阅读讨论时间。深入阅读、充分讨论才会把言语符号内化为精神。尤其是在交流中产生思想碰撞时，语文教师要给予学生充分的时间展开讨论，使讨论趋向深入。

（3）引导，语文教师一定要对学生作适时的引导，教师阅历相对丰富，应以深刻的生命体悟，参与、融入学生的阅读活动，以平等者中的首席引导学生阅读体悟，提升学生的精神境界。

3. 构建开放广阔的语文学习时空

中职语文阅读教学要积极倡导语文教学内容、过程、方式、评价等全方位的开放，创造开放广阔的学习时空。

（1）开放教学内容。中职语文教师应把教材作为圆心，并根据学生的实际情况，积极利用课外学习资源，对教材中的有关内容作适当地调整或重组。通过开展语文实践活动，促进学生利用课堂教学资源和课外学习资源，开放教学内容，加强书本学习和实际应用之间的联系。加强教学内容与社会生活、职业生活以及专业课程的联系，创设与职业工作相近的情境。

（2）开放教学过程。语文教材可以分为三个模块：基础模块、职业模块和拓展模块。除基础模块是各专业学生必修的基础性内容外，职业模块是限定选修内容，拓展模块为任意选修内容。在各模块教学中都强调语文的综合实践活动。

（3）开放教学方式。根据中职学生学习需要，实施分类指导和分层教学。教师应重视现代教育技术与语文课程的整合，提倡恰当利用数字化教学资源作为辅助教学的手段。积极倡导自主、合作、探究的学习方式。

（4）开放教学评价。中职语文教学评价应体现检查、诊断、反馈、激励、导向和发展的功能，尤其要注重发挥诊断、激励和发展的功能。评价的主体多元化，从而使评价更加全面与公正。应重视对学生学习的整个过程的评价，对学生的课堂表现、笔记作业、单元小测、期中考试和期末考试进行综合评价，关注学生的学习态度和人文素养的评价，促使学生既重视学习结果，更重视学习过程。

（四）拓展课外阅读，进行人文教育

课外阅读活动是中职语文阅读教学的重要组成部分，阅读习惯的养成会使学生终身受益。课堂阅读毕竟篇目固定、时间有限。尤其职业教育的改革，削减了文化基础课的课时比重，如何利用有限的在校时间更好地促进学生人文素养的提高，作为中职语文教师，应该发挥好课外阅读的作用。课外阅读是课堂教学的延伸，有效的课外阅读会对课堂教学产生积极的影响。指导学生拓展课外阅读，培养他们的阅读习惯，潜移默化中提高了学生语文的综合能力，涵养了人文素养。

第二节 中职语文教育的写作教学

一、中职语文教育的写作教学定位

中职语文教学大纲中的课程教学目标是指导学生学习必需的语文基础知识，掌握日常生活和职业岗位需要的现代文阅读能力、写作能力、口语交际能力，指导学生掌握基本的语文学习方法，养成自学和运用语文的良好习惯。与此相适应，教材应该达到大纲所提出的正确处理"语文知识教学与能力训练密切结合的关系，阅读能力、书面表达能力、口语交际能力互相促进、共同发展"的要求。

此外，教材应该将阅读、写作、口语训练的要求作为教学内容予以明确，教材内容上，写作、口语训练、阅读探究三者并重。将写作与口语交际训练、语文综合实践活动一起提高到了同等重要的位置，但是真正实施起来还是困难重重。

二、中职语文教育的写作教学策略

语文课程中的写作主要是指学生根据教师提出的要求，采用书面语言进行文本创造，以提高和发展自身写作能力的学习活动。从本质特征来看，写作可以理解为一种利用语言文字符号传递信息知识、表达思想情感、反映客观事物的脑力劳动过程，对于学生的语文综合素养具有较高的要求。为此，在组织写作教学时，教师应该准确把握具体的教学目标，全面了解学生实际的写作水平，然后以此为基础实施具体的教学策略。这样可以使教学过程更加符合学生的学习特点，从而循序渐进地促进学生写作能力的发展。中职语文教育的写作教学策略如下：

第一，提升写作语言。从具体的内容来看，语言文字是作文最基本的构成要素，作文中的情感表达、事物描写以及信息传递等内容，都是建立在语言文字合理应用的基础上的。换言之，为了提高学生的写作质量，一个十分重要的前提条件就是要使学生掌握一些具有实用价值的写作语言以及表达方法。为此，教师可以引导学生对一些经典的文本进行全面的赏析，使学生对文本写作语言的精妙之处有更加直观的理解，从而逐渐提高学生的写作语言。

第二，积累写作素材。在写作活动中，素材的合理应用是十分重要的。只有合理使用素材，才能使文章的内容更加饱满。所谓写作素材，主要是指在生活中可以看见的、没有经过加工整理的、分散的原始材料。在学生写作中，使用素材时一个十分重要的问题就是要保证文章更加具有真情实感。为了达到这一目标，教师应该有意识地引导学生通过多种不同的途径进行写作素材的积累，这样不但可以使学生掌握更加丰富的写作素材，而且能够使学生对素材的应用更加熟练。

第三，强化写作练习。为了提高学生的写作质量，最直接的方式就是不断组织学生进行写作练习活动。为此，教师应不断组织学生进行不同主题和类型的写作练习，同时，还应该利用恰当的方式对其进行一定的点拨，以此来强化学生的写作效果。以"我的母亲"为例，在引导学生积累了一定的写作素材之后，语文教师可以组织学生进行写作练习。在写作中，学生需要遵循两个基本要求：一是要适当融入课内所学的写作方法；二是要对自己积累的写作素材进行合理的加工。完成写作之后，教师可以出示本次作文评价的标准，并让学生以此为基础进行自主批改以及互评互改，最终通过这种方式，有效地锻炼学生的写作能力。

三、中职语文写作教学中思维导图运用

"思维导图是一种对于学习很有帮助的思维模式，如果运用在学生的写作中，可以从仿写课文开始。"[1] 在中职语文写作教学中，教师可以巧妙地采用思维导图，勾勒整个文章的思维结构，以更深刻地把握课文的写作特点。紧接着，教师还可引导学生仿效课文的思维导图，根据这样的框架进行课文

---
[1] 程国建.中职语文写作教学策略[J].赤子，2020（6）：4.

仿写。与冗长的文字相比，图形呈现更具形象直观性，能将所有信息生动展示。思维导图作为一种表达发散性思维的图形工具，其最大优势在于以不同层级的图形方式，将复杂信息简明扼要地展示。

中职语文写作教学中思维导图运用需要注意：第一，思维导图的关键词存在随意性。思维导图相当于学生在写作过程当中的一个导向图。教师一般会要求学生按照教材当中的经典文章进行自学，但是并没有要求课本的思维导图和学生写作思维导图必须是相同的。学生应当按照自身的实际情况来进行写作的练习。第二，防止思维导图公式化。思维导图通过放射性思维来帮助学生锻炼写作能力，这种方式不仅仅能够让学生更好地去收集信息，还能使学生的组织能力、创造能力以及思考能力都得到提升。在写作的过程当中运用思维导图的方式，虽然在一定程度上是模仿课文（也仅是模仿课文的结构以及方式），但是主要内容还是学生自己进行创作并表达，因此就应当避免思维导图公式化，不能为了绘图而绘图。具体而言，中职语文写作教学中思维导图的运用可以从以下方面着手：

（一）运用思维导图寻找写作素材、确定立意

在学生根据题意分析出多个立意之后，语文教师可以进行指导，让其想出最佳立意，然后根据立意找素材。这时选择写哪一个立意，就可以根据他所用的素材来写，哪一个立意的素材更多更典型，就写哪一个，这样写出来的文章丰富度和深度就能更高。同时，题目也会变得更加具体，写作的范围、立意的角度、文章的形式体裁就基本能具体化，最终定下来。例如，写一篇题材关于"冷和热"的作文题目，刚拿到这个题目时，很多学生可能不知道从何下手。这时候，语文教师就可以利用思维导图，将"冷"和"热"这两个对立的矛盾体背后所代表的意义和人生态度写出来，教师在带领同学们审题时，可以让同学们尽量发散思维，多多挖掘能代表两种态度的比较新颖的素材，这样立意就会逐渐清晰。同学们这时可以根据素材的新颖度以及对素材编辑的简易度，选择合适的内容来进行写作。

（二）通过思维导图打破思维惯性、发散思路

题材中给出的材料无论是短语还是图画以及词语，我们都要通过自己的理解对它进行解读，从而将它转换成自己的东西，这是写作文最开始的步骤。理解这个题材的概念之后，如果只是从概念本身出发，这篇文章可能就没有太出彩的部分了，学生也不会对其感兴趣。

总而言之，写作文就像盖房子一样，打好地基是非常关键的一步。而想要更好地完成这一步，思维导图应该是非常实用的学习工具，它可以让学生对题材进行发散性思考，并且将自己所掌握的语文知识更加充分地展示出来，而思维导图中的每一层，都可以将写作中需要用到的观点一步步深化和明晰化。可见，思维导图给中职语文写作带来了新的方向和灵感。同时，这种方法在中职语文写作教学中，更加适合中职学生，因为他们对于思维的主动发散还存在一些困难，思维导图能很好地帮助他们发散思维。

第三节　中职语文教育的口语交际教学

一、创设语文教育的口语交际情境

在传统的语文教学课堂上，教师都是自顾自地讲课，根据语文教材按部就班地讲课，学生被动地听课、记笔记。这样的课堂教师具有"权威性"，学生几乎没有表达的机会，教师讲课的时候也不顾及学生的感受，只重视讲课的进度，而对于学生对语文知识的掌握程度也不关心，学生对于知识的掌握和吸收程度也不了解。同时，在这样死气沉沉的课堂中，学生没有发言权。对教师有一种畏惧感，课堂上只是跟着教师的脚步走。对于一些自控能力比较强的学生而言，他们还能够跟着教师机械性地记忆；而对于那些自控能力较差的学生而言，面对这样枯燥无味的语文课堂学习兴趣欠缺，在课堂上聊天、睡觉。为了避免这种教学情况的再次出现，中职语文教师应该改变传统的语文教学模式，通过多样化的教学模式活跃课堂气氛，调动学生的语文学习热情，让学生能够在语文课堂上积极踊跃地发言。在此过程中，教师应该

为学生多创造一些开口说话的机会,增加学生和学生之间、教师和学生之间的交流,为学生提供一个浓郁的语文口语课堂。

二、创新语文教育的口语教学方法

在中职语文口语教学过程中,教师不但要让学生听懂教师讲课,还应该让学生掌握语文口语交际教学的技巧和方法,从而提高学生的口语交际能力。在传统的语文口语教学过程中,绝大多数教师都采用填鸭式的教学模式,而传统的教学模式已经难以适应现代化的教学模式,因此,教学改革迫在眉睫。面对这样的教学现状,教师应该在口语交际课堂上开展多样化的教学模式,大力采用朗诵、模仿演讲等教学形式进行教学,从而培养学生的语文口语交际能力,激发学生的语文学习兴趣。例如,在学习完《雷雨》这篇文章的时候,教师可以组织安排学生开展话剧表演活动,首先学生应该进行分组,然后挑选自己适合的角色,通过不同的语言形式将人物形象塑造出来。通过这样的表演不但能够让学生做到活学活用,还能够训练学生的语文口语交际能力。又如,在学习《应聘》的时候,教师应该安排学生开展情景教学,教师可以选择一部分学生扮演应聘者,选择一部分学生扮演面试官,模仿应聘的情景。当面试结束之后,面试官应该对应聘者进行评价、对应聘者的口语能力进行评说,指出其中的优点和不足。通过这样的模拟教学,不但能够为学生营造一个活跃宽松的学习氛围,还能提高中职学生的语文口语交际能力,促进学生创新能力的培养。

三、做好语文口语交际教学的评价

在传统的语文口语教学过程中,教师都是根据学生的学习成绩进行评价,这样的教学评价过于表面,很难使学生的语文口语能力得到提高。随着社会的飞速发展,社会对人才的要求也越来越高,为了使学生在未来的社会中更好地生活和工作,有自己的一席之地,教师应该改变传统的教学模式,通过开展全方位多样化的教学评价提高学生的语文口语交际水平,从而促进学生综合能力的发展。因此,在中职语文课堂上,教师应该构建一个健全的教学评价机制，在评价过程中还要将学生的口语交际能力纳入评价的范围，让学生认识到口语交际对学生的重要性，从而对学生进行全面的评价。在评价的时候，教师还应该让学生积极地参与课堂活动，除了教师对学生进行评价之外，还可以让学生对学生进行评价，学生之间经常接触能够更加全面地对彼此进行评价。通过这样的评价，教师对学生的了解会更加充分。在以后的教学过程中，教师也能够做到因材施教，从而提高学生的口语交际能力，提升学生的综合素质。

总而言之，在中职语文教学过程中，教师应该重视学生口语交际能力的培养，通过一系列创新的教学模式充分挖掘学生的学习积极性，通过教学改革培养学生的创新意识，同时，教师还应该运用多样化的评价机制，提高学生的语文口语交际能力，还能提升学生的综合素质，从而促进学生的全面发展。

第四节 中职语文教育的导学探究教学

导学探究教学是一种师生互动合作的新型教学方法，导学探究教学基于"以教师为主导，以学生为主体"的理念，关注学生学习的过程，主要以导学探究的形式展开，它重视学生在自主学习和合作探究的过程中的感悟、体验与合作的过程及学生在活动过程中的自主建构。"中职语文的导学探究教学体现了学生自主学习与自主发展的教学新理念，适应教师主导、学生主体的新型教学结构的要求。"[①]对实现语文课堂从知识教育向素质教育的转变具有重要意义。

一、中职语文教育的导学探究教学意义

第一，体现了学生自主学习和自主探究的教学新理念。中职学生自主学习能力很差，比较被动地接受知识，故学生自主学习和自主探究需要教师的科学指导与合理安排。语文的导学探究教学法的实施，为学生的"学"提供

---

① 刘干中.中职教学建模[M].北京：新华出版社，2015：45.

了"导",这就在一定程度上避免了他们"独学而无导"的盲目性,提高了学生自主学习与自主探究的效率。导学探究结合的模式为他们正确掌握自主学习、自主探究的方法提供了一种可能性。

第二,适应以教师为主导、以学生为主体的新型教学结构的要求。中等职业教育教师把课堂还给学生,传统的教学方法很难再适应当代的语文教育的发展。而教师主导、学生主体的新型教学结构则要求学生借助一定的方法和手段,形成自主学习和自主探究的能力。学生发挥自身的主体性作用,对于教师的教学,能够自主质疑、自主探究形成良好的问题意识。同时,还能够通过小组合作导学,共同探究,寻找方法,互助"解惑"。

第三,将教学的重心从知识教育向素质教育转变。将知识转化为能力,这是一个颇有难度的问题。知识和能力就像是水与血一样共融共生,有所区别,却相互交融。中职语文导学探究教学也是如此,知识的积累形成能力,能力的拓展获得更广的知识,为学生的自主学习、合作探究提供了一种可能性,正是这种可能性进一步促进了语文教学重心的转移,即从知识教育向素质教育转变。

在中职语文教育中,应设有相对稳定的基本思路框架,或称是基本课堂组织结构。教师在中职语文教学活动中,抓住这个基本结构,科学有效组织语文课堂。学生则通过这一基本结构,实现他们自身的语文知识的获得和语文能力的培养。在一定的教学思想和教学理论的指导下,构建较为稳定的语文教学活动结构框架和活动程序方法,对于优化教学过程、提高教学质量有着重要意义。

二、中职语文教育的导学探究教学特性

中职语文教育的导学探究教学要求教师根据教学内容和学生的认知规律,充分利用教学资源,通过创设情境、布置任务等方法,积极引导学生主动探究语文知识规律,按照导学、探究、合作等流程有步骤地开展语文教学活动。中职语文教育的导学探究教学特性主要体现在以下四个方面:

第一,主体性。主体性主要是指在教师有目的、有计划、有步骤的指导

和引导下，学生主动地参与教学活动，自主地探究知识、发现问题、解决问题。在这一过程中，对作为实施主体的教师的要求是要尊重学生的主体地位，因材施教，从学生的原有知识水平、学习特点和实际需要出发，确定教学内容、教学方法，以及教学目标达成的程度。要把教师的教转化为学生的学，要使学生张扬个性，积极主动地掌握学科的基础知识和基本技能，发展智力，养成良好的学习习惯，使其意志、品质、情感和行为能力得以发展。

第二，实践性。探究性学习是以学生为主体、以实践活动为主线展开教学过程的。在以导学探究为课型的课堂中，学生借助于一定的手段，参与实践活动，融做、学、思为一体，实践活动贯穿学习活动的始终，突出学习活动的实践性和具体性。

第三，过程性。探究性学习是一个由易到难、循序渐进的过程，也是让学生经历一个完整的知识的发现、形成、应用和拓展的过程。其目的是逐渐培养学生发现问题、解决问题、再创知识、创新开发的能力与学习习惯。

第四，驱动性。以任务驱动的方式组织教学活动，充分发挥教师的引领作用和导向作用。例如，在"永远的蝴蝶"的教学中，布置前置学习任务，让学生通过品读、思考、讨论，探索作者的情感脉络。学生带着学习的任务，通过自主学习、分组合作、探究交流等方式，完成学习的任务。

三、中职语文教育的导学探究教学策略

在中职语文教育中，要以导学探究为载体，从教学方式和方法的转变入手，进行导学探究教学模式的建构和实践探索，具体策略如下：

（一）语文教育的课前准备策略

第一，深入挖掘教材。中职语文教师是语文教材的使用者和整合者，因此，教师一定要站在课程纲要与学科课程标准的高度研究教材、研究教法。只有深入挖掘教材资源，充分领会教材的总体要求和结构，才能科学地制订学期教学计划，把握各单元、各单课的教学目标。

第二，集体备课编制教案。通过教研组集体备课，共同研讨教学目标、

教学策略、教学方法，具体讨论引领学生的任务设计、课堂教学问题设计、课堂探究策略设计等内容。全组教师在初稿上认真记录修改、完善意见，并形成自己的个案。

第三，精心进行个人备课。精心进行个人备课是教师成长的必由之路。教师只有准确地把握、挖掘、执行课程标准，科学设计教案，认真备课，才能熟悉教学内容，实现目标和问题的衔接，创设有效的、精彩的课堂教学情境。

（二）语文教育的课中实施策略

中职语文教师要以课堂为阵地，精讲、精练、因势利导，突破教学的重难点和易混淆的内容，具体如下：

第一，从教学内容出发，设置恰当的情境。在情境中建立问题的主次和衔接，提高问题设置的合理性，使问题环环相扣、相辅相成。

第二，创造机会，让学生广泛收集和整理资料，在亲身的实践中体悟语文的规律，提升学生的实践能力。

第三，及时把握学生的学习状态和成效，适时调整学习进度、难易度及教学方法。

第四，精讲精析，提高讲授的效能。教师在授课过程中，对学生遇到的难点、疑点、混淆点及课程的重点进行详细讲解；对学生已习得的知识、自己能够理解的知识、超过学生认知水平的知识不进行讲解。

第五，教法有效，以适宜学情的手段和策略实现教学目标的达成。

第六，增强师生、生生间的交流，提高交流的实效性。教师根据课堂具体情况合理调配时间安排和探究方式，确保学生自主学习、合作的时间和参与度及平等性。

第七，进行积极的评价，及时肯定学生主动意识、进取精神、协作关系、学习成效等，激发学生学习兴趣，保持学生的关注度。

第八，及时捕捉信息，掌握学生完成任务情况，准确把握教学目标达成度。

（三）语文教育的课后教学策略

第一，在授课的尾段，教师进行简单的小结，设置待考究的问题，促使学生去思考和尝试解决问题，将知识延展到课外。

第二，每一节课后，教师都要对下一节课的自学内容提出明确的要求，明确完成时间、内容，分层布置作业，督促小组长收齐并及时上交。

第三，课后教师进行积极的反思，发现优点，更正不足，进一步优化教学方法，完善教学设计。

四、中职语文教育的导学探究教学建模

（一）语文教育的导学探究教学建模依据

教学建模与教学理论流派具有渊源关系，任何教学建模都是在一定的教学理论指导下形成的。没有教学理论作指导，就不可能有相应的教学模式的建立。教学模式是构成课程和作业、选择教材、提示教师活动的一种范式或计划，是在教学思想和教学原理的指导下，围绕某一主题，为实现教学目标而形成的相对稳定的规范化教学程序和操作体系。其实质是人们在实践状态下，系统而综合地组合教学过程的诸因素，整体地操作教学活动的一种相对稳定的形式。导学探究教学模式是以学生自主学习、合作探究为主要形式；以激励学生认真学习、主动创造探究为基本特征；以促进学生认知、情感、个性等素质全面和谐发展为目标的一种新型语文教学模式。

（二）语文教育的导学探究教学建模特征

中职语文教育的导学探究教学建模具有以下特征：

第一，完整性特征。完整的中职语文教育应包括教学背景、教学意义、教学策略、教学程序、教学评价等要素，语文教育模式是教学实践和教学理论构想的统一，所以它有着完整的结构和一系列的实践要求，体现着理论上和过程上的统一。

第二，指向性特征。中职语文教育要在一定的条件下，围绕一定的教学

内容，设定明确的教学目标，达成一定有效教学效果。因此，语文教学过程中在选择教学模式时必须注意不同教学模式的特点和性能，注意教学模式具有指向性，不具有普遍性。

第三，操作性特征。中职语文教育的导学探究教学，把复杂的教学思想、抽象的理论用一种较为具体、形象的形式呈现出来，为教师开展教学提供一个简便易行的教学行为框架，使教师在具体教学实践中理解、把握和运用。

第四，灵活性特征。中职语文教育模式不是一成不变的，在具体教学过程当中，随着学科性质、教学内容、教学条件、师生情况的不同及社会的发展变化，需要不断进行调整和优化，以便更好地满足教学需要。

（三）语文教育的导学探究教学建模结构

语文教育的导学探究教学建模就是一个具备以上特征的好模式，它的基本结构由以下环节构成：

1. 目标导学—激发兴趣

目标导学是语文教师按照教学大纲要求，根据教材和不同班级学生的不同情况设计三维学习目标，在课前向全体学生明确"教"和"学"的目标，让学生真正明确学哪些内容、如何学、达到怎样的目标。为了有效地构建课堂，必须先激发起学生的学习动机和学习兴趣。因而语文课堂的导入要生动有趣，激发学生的参与、激活他们的思想、调动他们的学习热情，为课堂的顺利进行充分准备。

2. 自主探究—合作解疑

自主包括强烈的求知欲望和好学精神，也包括明确的学习目标和积极主动的学习态度。所谓"自主探究"，是指学生自己充分利用课余时间提前完成老师布置的任务，熟悉文本知识，广泛收集资料，自主探究发现问题，自主解决问题，让学生在亲身的实践中体悟语文的规律、提高学生的实践能力。在探索研究的过程中要保持学生探究过程中的积极性，教师应充分估计学生可能遇到的问题，并适当给予指导。在大方向把握好的前提下，鼓励学生大胆放手去交流探究，并且让学生明白探究发现不能够自主解决的问题，并积极进行小组合作探究，合作解疑。

3. 共同探究—突破难点

共同探究是指师生对课上遇到的难点、疑点、混淆点进行共同探究，突破难点。开展探究活动，增强师生、生生间的交流，提高交流的实效性。共同探究，突破难点的形式是多样的，如"展示主持风采"这一实践活动中，学生既缺乏主持的相关技能，又没有真正的主持实践经验，基于学生的这个实际情况，在特设的情境中进行语言实践，把学生当主持人定为这一活动的难点。为了突破这一教学难点，采用了场景任务驱动法、小组合作探究法，通过小组展示评比来突破难点。共同探究这一教学环节，教师要根据学生的表现进行积极的评价，对生成性问题和重点疑难问题进行启发、引申、拓展、追问，对知识进行深化和提升。语文教师及时肯定学生主动意识、进取精神、协作关系、学习成效等，保持对学生的关注度，适时进行点拨，点重点、点规律、点方法、把握落实教学目标。

4. 分析总结—拓展延伸

分析总结—拓展延伸是指语文教师组织学生认真分析总结当堂学习内容，构建清晰的课堂脉络。结合课堂内容进行布置作业，拓展延伸学习内容。

综上所述，目标导学—激发兴趣，自主探究—合作解疑，共同探究—突破难点，分析总结—拓展延伸，是导学探究教学的一般教学模式。在具体的中职语文教学活动中，由于教学内容不同、授课文体不同、教学侧重点不同，就把一般的教学模式具体化，形成特殊的教学模式。因此，中职语文导学探究教学模式从阅读教学、写作教学、口语教学、综合实践活动教学四个方面进行建模。

（四）语文教育的导学探究教学建模注意事项

中职语文教育的导学探究教学建模在实施过程中要注意以下方面：

第一，合理分配时间，发挥学生的主体作用。有效的课堂必须合理地分配时间，在导学探究教学模式下，中职语文教师应该把时间还给学生，让学生成为主人。教师应该"以学定教"，把课堂还给学生，引导学生去学习、去发现、去体验，留有充足的时间让学生去独立探究、合作探索、发现问题、解决问题。

第二，重视方法引导，提高学生学习效能。导学探究教学模式下，中职语文教师的引导显得尤为重要，教师的引导可以避免学生盲目地学习，提高学生的学习效能。但教师的引导要留有余地和空间，不能拘泥于自己的讲课习惯和方法，禁锢学生的想法，改变学生的学习方式，影响学生的创造。

第三，培养合作意识，确保小组活动有效。导学探究教学模式下，会有很多小组合作、小组活动的形式，其小组合作主要目的是培养学生的主体意识，尤其是合作探究能力和组织交流能力。但在课堂学习中，容易出现的情况是课堂热热闹闹地结束了，而知识、能力、方法等教学目标却落空了；容易出现小组讨论要么频繁进行但无深度探究，要么用时极短无法充分展开。导学探究教学模式不是以追求形式的变革为目的，而是看学生在小组活动过程中是否在积极主动地学，学会了哪些内容，以及能否将课堂学习的知识、能力、方法迁移到以后的学习、生活、工作中去。为了保证小组活动的有效进行，教师应通过多种形式了解学生达成目标的情况，参与学生的探究过程，及时调整方法和内容。

第四，有效调动课堂，促进学生能力的提升。中职语文课教学应依据学情，着眼效率，有效调动课堂教学。中职语文教师要做到课堂教学能有效调控，张弛有度，做到能情趣诱导入境悟神、难点疏导自主建构、资源引导生成拓展，促进学生综合能力的提升。此外，教师应侧重在学习方法的相机引导、侧重学生学习习惯的渐次养成、侧重知识及技能的有效迁移，不断地学习和不断变革，更加适合学生能力的发展。

第四章　中职语文教育的创新探索

第一节　中职语文教育的创新模式

目前，在开设语文课程的中职院校里，学校的课堂仍然保持传统的语文教学模式，导致语文教学活动缺乏创新和活力。人们对中职院校人才培养的认识误区，即忽视语文课程的作用。中职教育的培养目标是"为生产和服务第一线，培养具备综合职业能力和全面素质的实用型人才"。而语文课程兼具人文和工具的双重特性，理应对培养职业院校学生的人文素养和职业综合能力起到其他专业课无法起到的作用。改变现状的关键是职业院校语文课程要找准定位，让能力培养根植于职业生活的需要和人文关怀之中。中职院校语文应该紧密结合学生的专业特点，为专业需要服务，帮助学生学以致用；突出中职教育的特色，更加注重实用能力的培养。通过兼顾口头表达、书面表达的能力训练和阅读、思考的知识训练，培养学生良好的思维品质和分析解决问题的能力，以适应生活工作的需要和继续学习的需要。要实现培育人文素质和提高工具性能力相结合的教学目标，提高课堂教学的有效性，传统的教学模式的效果并不显著，而项目教学则是比较合适的实现形式。

"中职语文是中职学生必修的基础课程。良好的语文素养不仅能培养学生良好的精神风貌，还能对学生的专业学习起到积极的促进作用。"[1]中职院校项目课程教学改革的理论基础是建构主义学习理论和情境学习理论。知识不是通过教师传授得到的，而是学习者在一定情景下，借助他人的帮助、利用必要的学习资料、通过自己的学习而获得的。情境建构主义教学模式推崇学习者的主动性，强调学生对知识、技能的主动建构。因此，在教学过程中，教师由以前的课堂主体变成现在的"引导者"，学生由被动的学习者变

---
[1] 刘蕊.核心素养视角下的中职语文教学改革策略研究[J].职业，2023（12）：56.

成了主动的探索者，学生的兴趣得到激发，教学效果自然会得到保证。中职院校语文教学面向学生职业能力发展的实际，其听、说、读、写、思的专项或综合能力训练必须置于生活或职场仿真情景中进行。同时，人文素质的养成也只有在项目教学活动的过程中加以落实，才能克服人文素质教育和工具性能力训练的问题。

一、问题教学模式

以问题为导向的教学模式是基于问题解决的方式来构建知识，充分发挥问题在教学中的作用，用问题来激发学生内在的学习动力，用问题来深化学生对知识的理解，用问题来培养学生的实践能力和创新能力。问题教学模式应该以问题教学为纽带，提问的主体应该由教师逐步转向学生，真正体现以教师为主导、以学生为主体的教学原则。课堂应该成为培养学生问题意识，激发学生创新精神的重要场所。中职院校语文教学中教师应该针对学生特点，保护和激发学生善于思考、勇于发问的热情，激活课堂教学气氛，提高语文教学的效率。

（一）问题教学模式的具体内容

1. "以问导学"

部分学生自学不得法，往往是看书多遍，也无法理解其中的意思。因此，教师不仅要努力使学生养成自觉学习、自主学习的习惯，而且更要努力使学生形成一套适合自己的行之有效的自主学习方法。在传统的教学中，教师常常要求学生课前进行预习，但学生的预习往往达不到预期效果。其根源在于教师让学生进行预习时往往要求比较笼统，且缺乏必要的指导。因此，教师应采用"以问导学"的方法，即把预习提纲问题化、问题系列化。以问导学能使学生明白，学习的基本原则是循序渐进、由浅入深；学习的基本过程是从感性到理性；学习最主要的途径是思考。

2. "活问促学"

在教学过程中，经常会出现，学生对语文基础知识比较容易掌握，但将知识转化为能力却有一定困难。而对中职院校学生而言，社会对他们的要求更注重其能力，因此，语文教学更应该突出实践性、实用性，以培养学生适应社会对应用型人才的需要，教师要不断培养和提高学生深入学习的能力。"活问促学"能够很好地推动学生进行深入学习和思考。

3."互问激学"

兴趣是求知的起点，学生产生学习兴趣，才能产生学习的积极性、主动性，从而对学习持有热情。当然，激发学生兴趣的方法有很多，在语文教学过程中，教师应根据学生具备一定的独立自主意识的特点，积极引导他们自己去主动发现问题、提出问题，并极力倡导大家互问互答。鼓励学生互问互答，不仅可以消除学生与教师对话时可能产生的思想顾虑，更重要的是可以营造良好的提问氛围，还能使学生提出一些直击要害的问题。

中职教师应在课堂上安排一定的时间，由学生提问，老师作答，学生提问的积极性会越来越高，提出的问题也会逐渐更具创造性。在作文讲评时，可以参考以下方式进行：①把已批阅的作文发到学生手中，让学生对照老师的批改仔细阅读文章，并思考老师这样批改的原因；②学生相互传阅作文，对作文的不同看法交流意见；③采取"答记者问"的形式，回答全班同学就本次作文相关问题的提问；④把事先打印好的具有代表性的作文发给学生，鼓励学生发表意见，畅所欲言，提高分析和鉴赏能力，意见精彩者可享受加分；⑤根据同学们的意见，从文体写作要求的高度做归纳总结。

（二）问题教学模式的运用

1.问题教学模式的设问策略

（1）利用课文知识系统自身的矛盾设问在课文中，会存在许多表面上看似矛盾的现象：①课文题目中的矛盾；②文与题的矛盾；③课文中的前后矛盾。教师应对其加以选择、挖掘，并进行设问，引导学生积极思考，领会矛盾背后的本质与深意。

（2）利用新的教学内容与学生已有知识和经验的矛盾设问。在教学过程中，一般情况而言，新的知识与学生已有的知识、经验会和谐统一，成为他们知识结构和经验领域的一部分。但在某些情况下，两者也会发生矛盾和冲突。新旧知识的矛盾，会对学生产生较大的影响，矛盾会在他们的认识领域产生激烈的碰撞，吸引着他们更为积极主动地思考，在解决矛盾的基础上自觉地更新自己的知识和观念，并因此获得极大的愉悦和满足。因此，教师应特别重视并经常对此类设问策略加以运用。

（3）利用新的认知方式与学生旧的认知习惯的矛盾设问。在推进素质教育、提倡创新教育的今天，教师需要跳出习惯的、固定的教学方式，以创新多变的课堂提问方式，去营造一种开放、自由、活跃的课堂气氛，教给学生新的学习方式和思维方式，培养他们创新的能力。

2. 问题教学模式的设问方法

（1）针对教材设置疑点，提高学生的提问能力。①理解性质疑。理解一篇文章的作者选择破题方式、过渡方式、展开方式以及收束方式的原因，每段文字表述的顺序设置问题。②求异性质疑。一篇文章作者是否可以将破题方式、过渡方式、展开方式以及收束方式替换成另一种方式。同样一段文字是否可以换一种方式来写，是否可以换一种说法，乃至每个词语是否可以换另一个词语等。

（2）审视成语、俗语、习惯用语，发现疑点，提高学生的质疑能力。成语、俗语、习惯用语常常是人生哲理、社会常理的精要概括，指导和启发学生学好这些成语、俗语和习惯用语是中职语文教师教学工作的内容。但由于历史不会停留在某一个时间节点，所以，有必要引导学生对这些常用语重新进行审视，对有悖于时代观念的部分，要鼓励学生提出看法。

（3）鼓励学生大胆与教师商榷，提高学生的独立思考能力。学生需要知道教师的讲解也会有出错的情况，自己要善于独立思考，敢于向教师提出疑义，发现一个疑问比接受若干个知识点更有价值。因此，可以要求每个学生每学期发现一处教师讲解的失误或失当内容，或是提出一点与教师讲解不同的意见，写一篇商榷的文章。以下是具体做法：①课文分析要征求学生不同意见；②作文修改提醒学生更好的改法；③在教学中注意学生是否认同涉及一些社会现象的思考和评论。

（4）加强思维训练，触类旁通，提高学生解决问题的能力。思维是人脑对客观事物一般特性和规律的一种概括性的、间接的反映过程。思维活动使人们在学习中能继承人类的知识，并能运用知识来解决学习中的各种问题。因此，在中职语文教学中，必须加强思维训练。如果教会学生掌握一定的思维方法，让学生有意识地训练自己的思维，对于知识的掌握和运用，往往能起到积极的作用。

（三）问题教学模式的评价机制

第一，评价的语言要讲求艺术性。中职院校的学生在课堂上虽然可能表现得有些沉默，但他们内心很期盼有机会表现自己。在实施问题教学的课堂教学过程中，教师不要损伤他们的自尊心，应鼓励他们积极发表自己的看法。新的教学理念要求教师能艺术地评价学生，让学生从教师的评价中得到鼓励，而不是打击学生回答问题的积极性。毕竟学生是具有发展性的个体，教师应不断为他们的发展提供有利的条件，激发他们的学习热情。教师应创造机会让每一个站起来发言的学生都可以平静地坐下去。另外，学生只要在课堂上展开思考，无论想出的内容正确与否，他们的行为本身并没有问题，作为教师应给予肯定，并给以真诚的鼓励和巧妙的点拨。

第二，评价要尊重学生的意见。在开展问题教学活动时，教师既要对学生进行评价，也要合理听取学生对评价的意见和建议，充分调动学生的主动性和积极性，以便学生及时了解自己的学习情况，调整自己的学习行为，进一步发挥自己的潜能。教师可以在每学期开学对全班同学进行问卷调查，让学生表达出希望老师对自己使用的评价方式、评价内容以及对老师的期待或是要求，都可以坦诚表达。教师需要认真分析每一份问卷，并分类做好笔记，同时进行自我剖析，在以后的教学工作中争取按照同学们提出的合理的评价方法进行评价。

第三，评价的形式具有多样性。评价的形式要多样，即改单一的教师评价为学生自评、生生互评、师生互评相结合。为了真正体现以学生为本，在课堂评价过程中要采用多种评价形式，充分调动学生的学习积极性，全面提高学生素质。学生是学习的主体，享有学习的主动权。现在正在倡导课堂上让学生主动探索，自主获取知识，甚至在作业的选择上也留给学生很大的自主权。需要注意的是，不要忽略把评价的主动权交给学生。

教师在课堂教学中应坚持指导学生开展自我评价、相互评价，从而使学生不断地进行自我判断与自我分析，促使学生学习他人之长补自己之短，培养谦虚好学的良好品质。对学生回答问题的评价，应首先在学生间进行，学生通过听取别人的评价，自己再进行自我评价，既能把问题弄清楚，同时又能增强学生相互学习的能力。师生互评，不仅能培养学生的分析、判断和概括能力，还可以拉近师生的心理距离。在语文课堂上，教师要帮助学生学会学习，培养学生发现问题、提出问题、分析问题、解决问题的能力是自主院校语文教育工作者义不容辞的责任。那么，课堂上需要让学生能够提出问题，又具备分析和探究问题的能力，教师必须更新教育教学观念，开放课堂教学，把提问的主动权还给学生，改变传统的教师单向提问，实现多种方式的互相提问，充分调动学生的学习积极性，开发学生智力，提高学生能力。

二、分层教学模式

随着我国教育教学模式的改革，各种教学方法不断涌现，极大地促进了我国教育体系教学实践活动绩效的提升。现阶段，分层教学的主要模式有很多种，作为我国语文教学序列体系中重要组成部分的职业教育，应当根据职业院校学生专业属性的不同及语文培养目标的不同，对相同专业的学生进行语文课程的分层教学，对每个班的教材、进度、目标和知识的难度做出适当的区分和设计。对于相同专业学生较少的情况，可以根据相同专业属性进行分层，如文科层面的分层和理科层面的分层等。分层教学模式是指在日常的语文教学过程中，通过分析研究每一个学生的文化知识水平、心理特征、个性倾向、知识接受能力等，针对不同的评价结果，划分成不同的教学层级，并根据学生所在层级的不同，设计不同的教学目标，在教学过程中采用不同的教学方法，以便达到各有提升、总体教学绩效最大化的目的。

（一）分层教学模式的具体内容

分层教学模式理论依据的主要内容：①现代教育弘扬个性的主体性理论。主体性教学是对传统教学方法的继承和发展，在教学过程中，学生代替教师成为教学活动的主体。②最近发展区理论。学生的发展主要可以划分成两种水平，一种是可能完成的水平，这种水平可以通过学生的模仿加以实现；另一种是已实现的水平，这种水平是学生可以独立完成的水平。教师在教学过程中，应当对处于不同水平的学生，安排不同的教学任务和应用不同的教学方法，以便促进每个学生的健康发展。

（二）分层教学模式的注意事项

分层教学模式能够实现教学成效的极大提高，但也存在一些值得特别注意的问题。首先，采用分层教学模式会极大地破坏语文教学的流线型特点，人为地将语文教学划分成不同的层次，这学生就难免出现介于两层之间的过渡阶段的问题，对于这类问题应当制定更加合理且精细的划分依据；其次，应当正确处理好学生的思想认识，让学生深刻地体会到分层不代表分离，分层更不代表歧视，分层是为了准确定位其学习中的正确位置，以便根据不同的位置制订更为有效的教学计划。分层教学模式和方法在中职院校语文教学中的应用，总体上能够取得预期的效果，极大地提高学生发现问题的能力，有助于增强学生的学习信心，满足不同层次学生学习的需求，增强教学改革的针对性，有利于职业教育的良性发展。

（三）分层教学模式的实施措施

第一，以分层教学目标为学生学习指引方向。传统的教学是教师在设立教学目标时，采用考试的方式判断学生学习的效果。这种教学模式本身并不存在问题，但不区分学生水平，盲目进行教学设计和要求，容易损害学生学习的积极性且教学成效普遍较差。采用分层教学模式进行教学安排，应立足学生的实际情况，对不同的学生提出不同的教学要求，优秀的学生要求略高，基础差的学生要求稍低。这样让每个学生都能在自己学习水平的基础上，从提升中感受学习的快乐,从而增强学生学习的自信心和学习兴趣,使学习效率得到快速提高。

第二,以分层教学活动为师生双向互动增添活力。师生互动是衡量教学活动主体转变效果的一个重要标志。传统教学方法中,教师作为教学活动的主体,不利于学生主观能动性的发挥。采用分层教学模式时,教师应当在教学目标分层设计的基础上,将设计有效地落实到教学活动中去,切实激发学生学习的主动性和积极性,使其真正发挥作用。具体而言,可以通过以下途径实现语文课堂分层教学要求:①将分层教学理念应用到教学探究题的设计和使用中去,将学生作为学习活动的主体,将教学活动设计成以学生自主学习为主、以教师为辅的教学双边活动,注重学生小组编制中的合理配置,使得每个小组都能兼顾难、中、易三个层次的题目。②提问环节体现分层作用。针对学生的实际情况,设置不同的提问类型,以难度作为区分,既要设置较难的提问,同时也要设置较为容易的提问,以便每个学生都能积极地参与其中。从而加深学生对教学内容的理解,激发学生学习的主动性。

第三,以分层教学考核为教学成效的参考。由于每个学生的天生能力不尽相同,能力较差的学生付出同样甚至更多的努力也未必和能力强的学生获得相同的学习效果。针对这种情况,中职院校教师在教学考核中应该对学生进行分层考核,锻炼能力强、成绩好的同学的拓展能力,帮助夯实能力一般、成绩较差的同学的知识基础。在平时的测试和期末测试中,运用不同的试卷,分层次考核,并且对成绩进步较大的学生进行必要的物质和精神奖励,使每个学生都感觉到自己受到老师的重视、得到学校的尊重。只要运用分层教学与分层考核的思想,就可以使预期的学习效果得以实现。

三、情境教学模式

(一)情境教学模式的分析

目前,许多中职院校的语文课教学理念仍然沿袭过去,在语文的实际教学中往往还是采用"教师教授"的教学方式,学生缺乏培养自主性的机会。

情境教学模式与传统的教学模式不同，它是基于"自主、合作、探究"的教学模式，充分利用各种手段展示具体鲜明的形象，创设具体生动的场景，使学生如见其人、如闻其声，从而激起学生的学习兴趣，情境教学模式是从整体上理解和运用语言的一种教学法。随着信息技术的发展，多媒体技术越来越广泛地运用在课堂教学中，其所提供的图像、视频影像、动画等信息，将语文教学中的"言、形、情"融为一体，使语文教学逐渐趋向"易、趣、活、美"发展，使学生的主体性得到充分发挥，从而使学生在语文教学中获益匪浅，真正达到提高中职院校学生人文素质的教学目标。

（二）情境教学模式的实施

情境教学是一种全新的教学模式，对语文教师提出创造性地运用教材的要求，教师需要成为课程资源的开发者。在授课之前，教师以自己的智能优势用平等的身份与学生共同学习。教师不仅是知识上的传授者，更是方法上的指导者。以下是情境教学的主要内容：

第一，表演体会情境。中职院校语文教材中有许多文学作品，如剧本选场、童话、小说等。在过去的课堂教学中，教师往往采用"范读"的方式来进行教学，但单凭"范读"通常无法理解作品所表现的艺术效果。在教学中让学生进入角色朗读或扮演角色表演，就会使学生兴趣盎然，课堂气氛也会活跃起来，学生对课文内容自然印象深刻。

第二，多媒体再现情境。多媒体是课堂教学展现形象的主要手段之一。课文中用语言描绘的情境通过多媒体再现出来，立刻变得形象直观。音乐、视频、投影等都可达到这种效果。媒介情境的创设，实现讲解与各种多元化媒介手段的有机结合，突破时空界限，化抽象为具体，化小为大，化虚为实，使教学形式多样化，有效地激发学生的学习兴趣，有针对性地将学生带入特定的情境。这种媒介情境创设既重"教"又重"学"，把知识传授和能力培养很好地结合起来，从而实现语文教学的现代化和科学化。

第三，生活展现情境。教师在讲与大自然生活有关的文章时，可以选取典范场景作为观察场所，把学生带入自然，这样自然与课文内容两相比照，相得益彰。

第四，人文情境创设。在教学实践中，应该根据语文的人文性特点，结合课文的背景、人物、主题等，创设人文情境，因为这不仅有利于学生开阔文化视野和理解课文内容，也有利于激发他们的学习兴趣。这样既可以了解课文的人文历史，又可以较好地解决课程的教学难点，同时也可以培养学生查找、使用资料的学习习惯。

第五，论情境创设。在教学过程中，应该注重引导学生参与讨论，鼓励发言，不设标准答案评判对与错，锻炼他们的独立发言和独立思考能力，对于新颖、合理的观点，及时给予鼓励、表扬，还可以把讨论发展为辩论。当然，辩论的目的不是论出输赢，而是更好地理解课文，锻炼学生的口语能力与思辨能力。

综上所述，中职院校的语文教师，首先，必须端正学生学习语文课程的态度；其次，需要灵活运用情境教学法，充分创设情境，以情激趣，使所有学生参与教学过程，充分发挥学生的主观能动性，从而实现最佳教学效果，培养中职学生的职业岗位能力。

四、模拟教学模式

（一）模拟教学法的具体特征

模拟教学法通过模拟学习、生活、职业活动中的某些场景组织相关知识的教学。此法的用意是表现现实，它可以描述现实生活过程，让学生在各种各样的情境中去感受复杂事物，并逐渐把学习内容迁移并应用到现实生活中去。模拟教学法最大的优点是用模拟游戏教给学生较高级的技能并影响学生的态度和价值观，学生会习得解决问题和做出决定的各种技能。

中职院校语文课程，一方面，通过古今中外的优秀文学作品的学习提高学生的人文素养；另一方面，存在部分提升职业素质的训练内容。这些都是模拟教学很好的素材，为实施模拟教学提供可能。同时，通过模拟教学可以更好地实现语文课程的功能目的。中职院校语文课程的特点使得模拟教学具有以下特征：

第一，迁移性。中职院校语文模拟教学法大多通过情境、任务、角色等的模拟来提高学生的认知能力和处事能力，是将课堂上所学的书本理论知识迁移到现实的工作、生活中去。中职院校语文课程的内容特点，决定它与模拟教学法的有机结合所产生的迁移效果具有其他课程无法比拟的优势。

第二，游戏性。中职院校语文模拟教学法对课本中的各种角色及情境进行模拟，通过游戏活动使学生获得情感、心理、认知的体验，从角色扮演中获得某种经历和感受，从而提高学生的语文素质和综合职业能力。游戏活动无须关注真实性，根据需要侧重于某个方面的仿真即可，因此，随时可在课堂上展开。

第三，实感性。中职院校语文模拟教学法是把课本内容变换成模拟情境，让学生在各种各样的情境中学会换位思考，引导学生探寻特定案例或情境的复杂过程及背后隐含的各种因素和发展变化的多种可能性，进而提高分析与解决问题的能力。

第四，实效性。语文能力的培养通常是潜移默化的结果，中职院校的语文教学主要以突出应用能力为主。在中职院校语文教学中运用模拟教学法，充分利用语文课程的特点，通过模拟古今中外文学作品中的情境提升解决特定问题的能力。

第五，趣味性。中职院校语文模拟教学活动真实、生动、多姿多彩，具有极强的趣味性和吸引力，可以真正达到寓教于乐的目的。

（二）模拟教学法的具体应用

1. 基本程序

一般而言，模拟教学法主要由以下环节组成：①准备。首先，教师从课程目标、教学内容、学生状况和学校资源等情况出发，确定哪些教学内容适合应用模拟教学；其次，编制课程指导任务书，包括教学目的、实施步骤、人员角色分工、设备或场地的准备、模拟类型等。②实施。教师应从语文课程内容及教学重点出发，确定模拟教学的程序，在每一环节中要对学生提出明确的要求。③总结。模拟活动完成后，教师要对学生的表现进行总结，以便吸取经验、改进不足。

2.常用方式

（1）中职院校语文情景模拟。情景模拟法针对不同语境的场景，训练学生的语言表达能力，以达到提高学生综合职业能力的目的。它将理论变换成具体的情境，让学生扮演其中的各种角色，使他们身临其境，从中学习和运用专业知识及应变技巧。情景模拟教学法非常适合于讲授培养在复杂场景中处事能力的内容。

（2）中职院校语文角色模拟。角色模拟法是传统语文教学中常用的方法。但在中职院校语文教学中的角色模拟，又不完全等同于传统语文教学中的角色模拟。它让学生通过不同角色的扮演体验自身角色的内心活动，从而达到培养学生实践能力和语言能力的目的。

（3）中职院校语文任务模拟。任务模拟法是根据模拟的形式和内容命名的，也是模拟教学法在中职院校语文教学中的灵活应用。它是以完成任务为主要目的而进行的模拟活动。

（4）中职院校语文感性模拟。感性模拟法主要借助想象，对一个事物与另一事物某些感觉上的相通之处进行感性模拟，主要适合于学习意境较深的文学名篇。

（三）模拟教学法的实施要点

第一，课前激发学生兴趣与意识。模拟教学的特点是生动活泼，注重参与，因此课前准备非常重要。如果学生准备不充分，对任务不明确，模拟教学则无法进行。教师应根据不同的课型对模拟教学有全盘的设计方案，在上课前明确告知学生，让学生做好充分的思想准备和知识储备，以确保模拟教学的顺利进行。

第二，营造宽松的模拟教学环境。模拟教学是活跃课堂气氛和展示学生自身能力的良好形式。教师要尽量减少自己带给学生的心理压力，要扮演"导演"的角色，对学生进行激发、引导，最后总结评价。

第三,注重模拟实效,巩固课堂教学效果。模拟教学主要分为准备、模拟、总结三个阶段,整个模拟活动必须科学严谨,形式与内容都得到完美、和谐的体现,才能达到理想的预期效果,真正提高学生理论联系实际的能力及综合素质。模拟教学不能只注重课堂的活跃而忽略课后的实效,应在每次模拟活动结束后给学生布置与教学目的相关的作业,以进一步巩固课堂实效。

五、能力本位教学模式

职业核心能力又称为职业关键能力或职业通用能力,是从所有职业活动中抽象出来的一种最基本的、适合于所有行业和所有职业的,具有普适性和可迁移性,且在职业活动中起支配和主导作用的能力。它是人们职业生涯中除岗位专业能力之外的基本能力和伴随人终生的可持续发展能力。

每个具体的职业、工种、岗位和工作,都会对应着一些特定能力,特定能力从总量上而言是最多的,但适应范围又最有限。对每个行业而言,又存在着一定数量的通用能力,从数量上看,它们比特定能力少,但它们的适应范围较广,涵盖整个行业活动领域。从整体而言,存在着每个人都需要的从事任何职业或工作都离不开的能力,这就是核心能力。职业核心能力是运用最少但适应性最强的基本能力,是每个人在职业生涯中,甚至日常生活中必备的最重要的能力之一,它们具有普适性和可迁移性,其影响可以辐射整个行业通用能力和职业特定能力领域,对人的终身发展和终身成就影响极其深远。

对中职院校来说,培养毕业生的职业技能和职业素质是增强就业竞争力的根本。职业道德、职业态度和职业核心能力等构成职业的基本素质。因此,在学生就业前按照职业生涯的基本要求,强化职业核心能力的养成,能有效提高学生的核心能力,从而增强中职院校毕业生的就业竞争力。

(一)能力本位教学模式的课程体系

中职院校语文课程改革的探索大多局限于学科内部的封闭式研究,如对教材、教法的研究等。这些研究对于课程体系的完善具有积极作用,但中职院校语文课程的发展采取局部变革无法奏效,必须进行深度变革,即应建立能力本位的中职院校语文课程体系,其具体体现为在课堂教学中渗透职业核心能力的培养。

1. 能力本位教学模式的教材

当前中职院校语文教材有许多版本,但都可以归纳为三种体例,即按文学史顺序编排、按文体编排、按内容编排。三种体例各有优缺点。①按文学史的顺序编排能兼顾所有的文学经典并且体系完整,但这种大而全的编排往往针对性不强,而且会成为一部简略的文学史,不符合中职院校学生的实际情况;②按文体编排有利于作文教学,但同样也限制语文教学的丰富性与多样性,特别是找到与人文教育和职业教育的结合点存在一定难度;③按内容编排能照顾人文教育与职业教育的要求,但因为所分内容的类别有限,故而漏选许多经典作品,且各种文体前后互相重复,体系显得过于庞杂,给教学也带来不小难度;④存在按文学专题进行编排的教材,突破文选模式而采用以理论为主、以文选为辅的形式。其优点在于使语文课成为专题研究课,但是使学习难度增加,失去语文学习应有的鲜活性。这种教材体现的是知识本位而非能力本位。

综上所述,必须从能力本位出发对现行教材进行重新整合,使教材成为中职院校学生学习语文的途径,为学生以后的自我学习、终身学习奠定坚实基础。因此,对教学内容的整合要从培养学生能力的目的出发,集中最具代表性的资源,使中职院校学生通过优势资源的引导来培养其职业核心能力。

2. 能力本位的课堂教学模式

传统的课堂教学模式体现的是知识本位,学生是被动的,其能力的培养也有所欠缺。互联网的飞速发展使任何人都有机会获得足够的知识。因此,知识的获取并不是教育中最重要的问题,而能力的养成才至关重要。中职院校语文课堂教学必须改变知识本位的模式,运用能力本位的模式,在课堂教学中应渗透职业核心能力的培养。实现这种转变应遵循行动导向教学法的理念和方法。

行动导向教学法是以职业活动要求为教学内容,依靠任务驱动和行为表现来引导基本能力训练的一种教学方法。其教学法中最适合用于核心能力培训的方法包括项目教学法、角色扮演教学法及案例综合法等。这些教学法主要是通过行为目标来引导学习者在综合性的教学活动中进行全方位的自主学习。在这种新的教学方式下，教学目标是一个行为活动或需要通过行为活动才能实现的结果，学习者必须全身心地参与教学活动的全过程，教学目标才能实现。在整个教学活动中，学习者是主角，参与是关键，教师只是教学活动的主持人，其责任是通过项目、案例或课题的方式让学习者明确学习的目标，在教学过程中控制教学的进度和方向，根据学习者的表现对学习效果进行评估，从而指导学习者在专业学习和技术训练的过程中全面提高综合能力，即核心能力素质。

在中职院校语文课堂教学中引入了 OTPAE 五步训练法。在每个能力点的训练中，均按照以下训练法的内容组织教学和训练：①目标（Object）。学生依据个人兴趣从职业核心能力中选取相应模块作为自己的训练目标，选相同模块的同学组成小组，选定组长，确定能实现目标的研究课题。②任务（Task）。教师参与小组讨论，将研究课题任务分解到人。③准备（Preparation）。每个被分配任务的同学就如何完成任务写好实施计划。④行动（Action）。学生根据计划积极完成任务，然后小组集中交流，综合成小组发言材料在课堂发言并接受同学的质疑。⑤评估（Evaluation）。采用教师评价、学生互评、学生自评相结合的方式，对学生学习效果进行评价，使其及时了解学习的成果并获得反馈。

综上所述，在教学活动中，教师不能采取"放任"的方式任由学生准备，而应控制教学进度与方向，即参与每个小组活动并及时做出具体明确的指导，同时还应制定有效的考核方式。考核应将形成性考核与终结性考核结合起来，即加强平时考核的力度，在每次教学活动中都进行教师评价、组长评价、学生互评与学生自评四者结合的成绩考核，从而使学生不得不全程参与教学活动。

（二）能力本位课程体系的具体设定

中职院校培养的是应用型、实践型人才。社会对其毕业生的语文基本要求是具备较强的言语交际能力、一定的阅读分析能力和应用性文章的写作能力。所以，中职院校语文是母语课程人文性深化，也是母语课程的职业化。中职语文应根植于真实的职业任务，以学生能力为主体，以人文精神实践为内核，以言语技能为主线，构建人文性与工具性合一的实践型课程体系。

1. 从性质角度进行设定

（1）以言语技能实践能力提高为中心。基本的听、说、读、写能力对于学生个人而言，是其职业生涯的基础能力，缺乏这些能力，学生各方面职业能力的发展都会受到限制。目前，中职院校学生的听、说、读、写能力较弱，培养学生的听、说、读、写能力刻不容缓，而提高言语技能的根本途径在于实践。必须结合学生所学的专业，开展适当的活动，构造一个真实的生活情境以激发学习兴趣和动机，并让学生参与一定的言语实践。例如，热衷于文秘、营销专业的学生，针对培养其良好的口头表达能力的教学目标，引入案例教学法实际演练；对工科学生引入招投标的演练等。通过活动教学提供给学生主动发展的时间和空间。

（2）以人文精神养成为中心。人文精神的教育不是感知传统经典文学作品、文化精神，而是通过传统作品的阅读实践，去探寻其于今天而言的价值，探寻其中生命之光和给予人们的能力启迪。因此必须将文学作为课堂实践活动的构成部分，为学生的言语技能的提高提供示范和摹本，把语文课堂与社会相结合，与文化素质讲座、校园文化艺术节相结合，设计诗词欣赏系列讲座、名著电影演播等丰富的教学模式，开展辩论赛、普通话比赛，举办征文活动，开辟文学创作论坛，进行中职学生社会实践活动论文评选等，唤醒学生强烈的求知欲望，促使他们保持持久的学习热情，使人文精神内化为学生的人格要素。

2. 从课程角度进行设定

（1）语文基础技能模块。重视语文知识的传授和基本的阅读、写作、口语表达能力的培养，只有夯实语文基础，才谈得上文学鉴赏和写作。在课堂上，围绕培养学生的技能，通过讲、述、论、谈方式的交替使用，培养学生的口头表达能力。例如，课文内容是谈作者欣赏音乐或建筑艺术的感受，教学重点就是引导学生探讨作者如何准确地运用语言文字来表达自己对艺术的感受，同时引导学生学会准确地用语言文字来表达自己的阅读感受。教师应要求学生掌握语音、词汇、语法、修辞、逻辑、文体常识、文学常识等，建立文学史的知识体系。加强汉字书写训练，加强口语交际训练。普通话能力测试是检测本模块的基础措施。

（2）阅读与鉴赏模块。中职院校语文的阅读与鉴赏模块可以采取专题讲座的形式，由专业教师讲授，将优秀作品介绍给学生，引导学生广泛阅读文学、艺术名著，促使他们关注社会、人生、人性、人类、自然等，使他们潜移默化地得到情操的陶冶，从而促成其思想境界的升华和健全人格的塑造。

（3）写作训练模块。写作能力是中职院校学生语文水平高低最直接的表现之一。写作训练模块包括常用文体的写作、应用文的写作，应紧紧围绕学生的生活、专业展开，把写作练习贯穿学生生活的每一个环节。例如，利用调研、实习的机会，写通知、总结、调研报告等。

3. 从教学方法角度设定

建构主义和认知学习理论强调以学生为中心，将其看作学习认知的主体和主动建构者；强调个人与环境的相互影响作用，强调协作学习，即要求通过教师创设情境、提出问题、师生或学生之间共同探讨、最后解决疑难等一系列教师与学生、教与学相统一的互动活动，来产生教学共振，促使学生自我建构知识、能力、情感和价值观，培养其创新性思维和健全人格品质。

中职院校语文教学必须以学生为本。在教学活动中学生是具有主观能动性、充满活力的人，是积极学习的主动者。在这一过程中，教师应把课堂教学的注意力放在培养学生获取新知识的方法和手段的学习能力、口头与书面的表达能力、竞争意识、创新精神、反应能力、健康心理等综合素质方面。互动探讨式教学法一般将教学过程分为情景导入、自主探索、协作学习、评测反馈、总结提升等五个步骤。中职院校语文课程改革必须走出自我封闭的状态，积极地适应现代教育的职业化要求，在语文课堂教学中渗透职业核心能力的培养，树立起以能力为本位的教学观。

六、学生主体教学模式

（一）学生主体教学的培养内容

中职院校语文课程建设及改革要结合学生的培养目标及专业实际设置，形成一种既可以提高学生的汉语听、说、读、写能力和文学素养，又可以体现出学生专业特色的应用语文教学模式。为实现这一模式，在中职院校语文教学中要做到以下方面：

第一，突出语言理解能力的培养。首先，中职语文需要培养学生对文字材料的阅读理解能力。重点突出语文工具性的特点，通过教师对课文的讲解引导学生理解文章的内容，掌握阅读理解的方法。在课后，精选古今中外的名著，以布置写读后感、开展读书演讲比赛等形式对学生进行阅读训练。其次，当今社会人们的交际日益频繁，在经济文化活动及日常交流中，对听说内容的理解能力直接关系人们的社交活动能否顺利进行。因此，需要重点培养学生对听说内容理解的宏观把握和掌控能力，培养学生对重点词句的理解能力。

第二，突出写作能力的培养。写作也是中职院校学生必须具备的能力。在教学中，一方面，应紧扣各专业特点，对学生应用文写作的能力进行重点教学及训练；另一方面，应兼顾诗歌、散文、小说、戏剧等各类文学体裁的写作能力的培养。

第三，突出口头表达能力的培养。对中职院校学生而言，因为缺乏必要的训练，不善于当众讲话是许多学生存在的问题。这种现象形成的原因，除了缺乏相应的锻炼机会外，缺乏有针对性的训练也是关键因素。中职语文要加强口头表达能力的培养，可以先结合普通话课或普通话水平测试的测前培训，对学生从普通话语音、词汇、语法的规范及组句、成篇、修辞等方面的知识及技巧上进行训练。根据学生所学专业的就业要求，对学生的普通话水平做出达标要求，并指导学生参加普通话水平测试，获得相应的等级证书。然后着重从口语表达能力及表达技巧上进行相应的培养和训练，同时注重从口语的交际礼仪和交际禁忌等方面进行相关的培养和训练。通过训练，要求学生在口语表达中做到语音标准、口齿清楚、语速适中、语调自然流畅、语意清楚、说话得体、讲究礼貌等。

第四，突出提高学生的人文素养。中职语文需要帮助学生提高人文素养，其中要重点帮助学生提高文学修养。中职院校语文教材中所选课文都是中外文学史上的佳作，对课文的阅读、分析、理解的过程也就是感受文学艺术的意境和美感的过程。通过阅读，让学生接受传统文化的熏陶，培养学生的文学欣赏能力，培养健康的审美能力；通过对作品内涵的深入挖掘，让学生获得人生启迪；通过组织开展文学作品赏析、优秀影片和电视剧观赏点评，演讲、朗诵等第二课堂活动，提高学生的文学艺术欣赏水平等人文艺术素养。

（二）学生主体教学模式的实施

第一，以学生为主体，教会学生学习的方法。教师在传授学生知识的同时，更重要的是要教会学生学习的方法。这就要求教师在教学中要注意"导"的作用，要以学生的需求为取向，以激发学生的学习主观能动性为动力，以加速知识的内化、培养学生能力和团队合作意识为目标，以教师的组织协调能力为引导，以因情施策、形式多样的教学手段为课堂效果的保证，组织调动学生自己积极思考学习中的问题，自己解决问题，高效完成教学目标任务。因为现代社会是信息化社会，社会的飞速发展会把许多连教师也未曾遇到过的问题摆在学生的面前。教师把现有的知识教给学生是远远不够的，还必须教会学生如何自行解决问题，教师在教学中要利用每一个环节充分发挥主导作用，如听、说能力的训练在以往的语文课程教学中是薄弱环节，在有限的课堂教学时间里又不可能进行大量的听、说训练，因此，利用教师授课语言的规范性、科学性及示范性来完成听、说训练可达到事半功倍的效果。

教师课堂教学语言是经过优化的口语和经过转化的书面语的结合，既有口语的通俗易懂，又具有书面语的典雅。提高语言能力需要在语言环境中去熏陶、去模仿，进而再创造，这是一个潜移默化的过程。规范的教师课堂教学语言能给学生营造一个良好的语言环境。这对教师的个人素质提出较高要求。①教师必须使自己的语言规范化，即语音标准、用词恰当、符合语法、符合逻辑、具有条理性；②教师必须使自己的语言具有科学性，即讲授知识必须准确无误、说理必须有根有据、解说符合客观事物的实际、评断恰如其分，同时还必须遵循一定的教学方法。教学中教师有意识的引导能充分发挥个人课堂教学语言的规范性和科学性对学生语言学习的示范作用，这对听、说训练来说是相当重要的，而听、说训练也要贯穿整个课堂教学的始终。

第二，根据课文特点，采用形式多样的课型。课堂中采用阅读欣赏型、讨论型、朗读背诵型、角色扮演型教学，可充分体现学生在教学中的主体作用。教学中教师的主导地位，要求教师在教学中要以学生的需求为出发点，充分发挥引导作用。教学中采用互动式教学方法，可以提高学生的学习兴趣，体现学生在教学中的主体作用，彻底改变语文课堂教学中教师唱独角戏的局面。在这种互动式的教学的实施过程中，学生可以在教师的引导下实现听、说、读、写训练的有机结合。

七、智能培养教学模式

人至少具有语言智能、数理逻辑智能、视觉空间智能、身体运动智能、音乐智能、人际交往智能、自我认知智能和自然认知智能八种智能。这八种智能彼此间的不同组合产生不同的智能结构，因而导致不同人的智能表现存在差异。中职院校语文注重对文学作品的欣赏、评价和再创造。这就使得其教学方法可以尽可能多样化，在教学中可以更好地借鉴、吸收多元智能理论。以多元智能理论为指导创新教学方法，既能提高语文教学的效果，又能提高学生对语文的学习兴趣。

第一，灵活多样地组织课堂教学。中职院校语文教学应采用多种方式提高教学效果，调动学生学习的积极性。让学生主动参与课堂教学，采用灵活多样的课堂组织形式，从而达到事半功倍的学习效果。根据多元智能理论[1]，采用课前演讲、课上辩论、情景对话等方式组织教学，不仅能提高学

---

[1] 多元智能理论是由美国哈佛大学教育研究院的心理发展学家霍华德·加德纳（Howard Gardner）在1983年提出的。加德纳从研究脑部受创伤的病人发觉到他们在学习能力上的差异，从而提出本理论。

生的学习兴趣，更为重要的是还能将学生的多个智能结合起来，使学生的优势智能和弱势智能协调发展，也可以使不同优势智能的学生最大限度地发挥自己的智能优势来学习知识，提高课堂的教学效果。中职教师要关注热点，并能联系学生实际及时引入课堂。通过灵活的课堂组织方式，激发学生的求知欲望，发展学生的优势智能，提升学生的弱势智能，从而达到提高语文教学质量、发展学生智能的目的。

第二，广泛使用多媒体辅助教学。多媒体辅助教学是指教师在教学过程中借助计算机辅助教学（Computer Aided Instruction，CAI）课件、录音、视频等一些现代化教学工具，将授课内容通过声像直观地展示给学生的教学方式。多媒体教学不仅能丰富课堂教学的形式和内容，且能够极大地将多种智能因素应用于课堂上。多媒体中的声音、影像可以将视觉空间智能、音乐智能这些被传统教学方法所忽视的智能因素运用于课堂，既可以使学生在轻松愉快的环境中接受知识，使学生综合运用各种智能因素，还能激发学生的学习兴趣。但教师还是需要更好地在传统教学方式上进行创新，创造条件尽可能地借助多媒体手段，引导学生多智能地进入充满艺术美感的作品中。

第三，打破常规进行求异性教学。传统的语文教学大多是在教师的引导下，学生对某一认识对象从有不同见解到最终达成共识的过程，这是求同性教学。同一篇课文、同一个人物、同一个情节，乃至同一个句子，不同的人会产生不同的理解。学生通过自己的积极思考，会发表和坚持自己独有的观点和看法。其主要原因在于学生的优势智能、社会经验认识水平各不相同。多元智能理论就是要在语文教学中使学生的多元智能得到发展，所以应该"求同存异，先异后同，同中求异，异中求新"。中职教师应该提倡学生对文章发表自己的不同观点，使学生的语言智能、数理逻辑智能、身体运动智能、自我认知智能、自然认知智能同时得到锻炼，提高学生的整体智能水平。只有从求同性教学走向求异性教学，多元智能共同发展，才能使学生的智能水平整体提高。

第四，运用师生互动的教学方式。传统的教学方式中教师是教学的主体，发挥着主导性作用，学生只是被动地接受教师所讲的内容，学生的多元智能在很大程度上被压抑着,不能得到相应的发展。启发式教学、民主讨论式教学、以自学为主式教学、研究性学习等方式,突出互动性,让学生主动参与教学的整个过程,成为课堂的主导。师生互动给学生提供自由选择的学习自主权,在学习中让学生自我管理、自我调控,有利于学生不同优势智能的发挥。师生互动提倡质疑,鼓励质疑,开发求异思维,营造师生平等、生生平等的教学氛围,从规范性的传统教学变为互动性、自由性教学的教学方式。

第五,单一评价变为多元评价。多元智能理论下要求改变的不仅仅是教学方法,还有教学评价体系。传统的教学模式配合使用单一的学生评价体系,不利于学生的协调发展和成长。由于学生个人的优势智能各不相同,他们在对同一问题进行思考时采用的介质不同,使得他们对问题思考结果的表达形式不同。音乐智能发达的学生可能采用音乐的形式,而身体运动智能发达的学生可能采用运动的形式(如舞蹈等)。如果采用单一的评价体系,用音乐、动作、图画等形式展示出来的结果的评价就不言而喻了。为了提高教学效果,提升学生智能水平,采用多元的评价体系势在必行。中职教师应通过改变自己的教学方法,使学生肯定自己的优势智能,从而认可自己。优势智能发展,学生的智能结构乃至人格结构都会呈现积极的发展态势。

综上所述,要想在中职教育过程中发挥语文的基础性作用,教师就必须具备大胆尝试、勇于创新的精神,要牢记教无定法,不断摸索,创造出适合中职教育的教学方法,这样才能使语文等基础学科在中职教育中得到应有的重视。

八、素质目标教学模式

(一)中职语文素质目标教学的基本原则

中职院校语文素质目标提出面向全体学生,使每个学生都具有合格的基本素质,要求贯彻全面性、主体性、发展性原则。

第一,全面性原则。全面性原则要求中职院校学生的基本素质必须得到全面、和谐的发展。因此,在中职院校语文教学中应依据社会对人才基本素质的要求，按照语文学科的性质、特点以及在素质目标中的作用，并结合职业院校学生身心发展的特点，着重对中职院校学生进行思想品德素质、科学文化素质、审美素质和心理素质的培养。

第二，主体性原则。主体性原则要求素质目标必须充分发挥人的主体性，注重发展人的主动精神，应把学生视作能动的主体，重视学生的智慧潜能。

第三，发展性原则。现代教育的发展趋势是由知识型向发展型转化。发展型的教育是以人的发展为中心，又以人的发展为终极目标的教育，强调学习是人类生存和发展的重要活动。学会认知、做事、生存、共同生活是教育的四大支柱。中职语文教学要适应现代社会的需要，就必须以人的语文素质的发展为目标。所以，中职院校语文素质教育不仅要关注学生现在的一般发展，而且更应注重培养学生的终身自主学习能力和自我发展能力，这样才能更好地适应未来。

（二）中职语文素质目标教学模式的实施

1. 注重学生人文素质的培养

人文素质教育，就是以人为本的教育。人文素质由人文知识和人文精神两部分构成。人文精神的核心是针对人的，即尊重人的独立思考，尊重人的独立判断，尊重人的批判精神，尊重人的独创性，尊重人的个性。

以人为本的教育在语文教学上的表现，就是要树立育人观念，也就是教学生学会做人。实际上，我国古代传统文化教育就是一种人格养成教育，是一种塑造理想的完美人格的教育。它的核心就是教个体学会做人。这种人格养成教育弘扬中华的传统美德和高度的社会责任感、使命感，形成中国的强大凝聚力，这种独立人格特征也是民族精神的体现。例如，自强不息、坚韧不拔、百折不挠的顽强奋斗精神，谦虚谨慎、与人为善、助人为乐、见义勇为的博大胸怀和正义风貌。在新的历史条件下，中职语文应该适应时代的要求，继承传统文化中的优秀遗产，利用语文教材中优秀的篇章对学生进行塑造人格的教育，提高学生的人文素养。

2. 注重学生内在涵养的培养

中职学生内在涵养的培养可以通过以下方面进行：①培养学生丰富的情感体验。情感因素在人们认识和实践中的作用非常重要。因此，教师一定要融真情于教学中，深入挖掘教材中蕴含的情感，以生动感人的实例丰富、完善学生的情感世界，从而提高学生的审美感知能力和审美艺术。②培养学生良好的行为习惯。中职教师要想使学生学有所成，必须促使其养成良好的学习及行为习惯。

3. 注重课堂的实践教学环节

语文素质目标模式，应特别注意引导学生在实践活动中学语文，重视语文学习与生活实践的结合，既要强调阅读的针对性、选择性、趣味性、多种性、广泛性，又要强调作文的争辩性、生活性、真实性、实用性，更要强调创新的活动性、层次性、特定性、艺术性。在语文素质目标的学习系统中，要综合突出学习的情感性、整体性、系统性、科学性、创新性。其真正目的是，彻底突破传统语文教学重知识传授、轻能力实践，重解题训练、轻生活磨炼等现象的束缚。

4. 注重学生创新能力的培养

语文素质目标模式的教学内容还要注重创新能力培养。就中职语文教育而言，主要是培养学生的语文素质，而语文素质是人的基本素质，对于人其他素质的形成和发展，尤其是创新精神和创新能力的形成和发展具有决定作用。语文教学最基本的就是要通过对学生的听、说、读、写能力的培养，在习得语言和运用语言的同时，教会他们学习和创新，以宽松、愉悦为前提，以知识、方法为基础，以个体、个性的全面发展为途径，以培养创新精神、创新能力为目标，在学习创造的同时培养高尚的人格，充分体现语文的创新价值。

第一，应重视培养学生的创新意识。鼓励他们大胆质疑，逐步形成创造性思维，使创新成为自觉的行为，使课堂教学模式由传统的老师讲、学生改变为学生主动学、师生交换意见的创造性教学新模式。

第二，应重视培养学生的创新能力。一个具有语文创新能力的人，应当具备"善听会说、善谈会写、善思会做"的综合能力,所以要在以下方面对学生进行培养:①培养学生听的良好习惯。培养学生听的良好习惯就是使他们能专注地听作者的心声,听懂作者话语的每一句含义,听出作者所要传达的情感、思想主题。听是知识能力的来源之一,是发现创新的契机所在。②培养学生说的良好习惯。培养学生在公众场合从容不迫地谈论的胆量。③培养学生读的良好习惯,让学生多朗读。素质教育注重学生的自我朗读体验,引导学生自主探究,由浅入深地把握课文,可以配乐朗诵。学生在音乐中可更深切地感受到生命的价值和意义。④培养学生写的良好习惯。首先,把字写得规范工整,力求秀美。其次,对写作进行训练。

5. 注重学生思维能力的培养

想象是以实践经验和丰富知识为基础的一种形象思维。想象是创造的先导,没有想象就没有创造。想象在中职语文教学中的重要地位不容忽视,想象不受时间和空间的约束。教师需要引导学生体会想象的魅力,让学生感受想象对于情感升华的作用,以收到良好的课堂教学实效。培养学生的想象力要鼓励学生多思考,要把学生的活动变为"思维体操"。课堂上,要根据学生实际设疑或让学生互相设疑,启发学生多思解疑。

(三)中职语文素质目标教学体系的构建

第一,勇于把信息技术、脑科学和心理科学的成果应用于教学改革实践,重视学生知识技能、心理素质、文化审美等方面的差异,充分尊重学生的个性,积极引导学生参与语文表达、语言交流等活动,鼓励学生自主学习、独立思考、敢于争辩、勇于探索和实践。

第二,勇于突破平淡无味的"讲授为主"的教学形式,切实根据语文教学的特点、语文学习的规律和人才成长的需要,建立活动式、参与式、发现式、探索式、创造式的立体交叉的语文素质目标体系,使学生在提高语文能力、语文素质的同时,科学知识与技能素质、创新素质和身心素质、思维与道德素质也得到自由、充分、和谐的全面发展。

第三,学习语文知识与学习其他文化科学知识(包括事实知识、原理知识、技能知识、人力知识四大形态）结合，促进知识技能结构的不断完善。

第四，以人为本，以培养人的创新精神和创新能力为本。语文是重要的信息载体，需要清晰认识中职语文在知识信息的传播、运用、分配和再生产中的巨大作用，引导学生正视文本、图像、影像、影视、计算机等多媒体组成的大容量、强时效、立体化的社会生活信息情境，善于在一切信息交流中用健康的心理、正确的观点、科学的价值观去捕捉有效的信息，并能根据需要迅速、不断地转化、再生新的信息，以此强化语文知识的学习、理解、内化和对现代化语文学习技能的掌握。

九、小组合作学习教学模式

20世纪80年代末，小组合作学习作为一种新型的课堂教学模式传入我国。但是由于传统教学观念的影响和教学空间的限制，以教师和教材为中心的传统课堂教学模式仍是课堂教学的主要方式。学生的创新意识和自我意识仍未得到充分挖掘。特别是在新课程改革的教育背景下，强化对小组合作学习教学模式的探究，并将该模式引入语文教学，在语文教学中建立小组合作学习的模式是一项必然要求。

（一）小组合作学习模式的分析

中职教育应以"以服务为宗旨，以就业为导向，以全面素质为基础，以能力为本位"为指导思想。语文课程标准要求强化实践意识，培养学生的语文应用能力。在中职语文教材的编写方面，把实践性内容表达与交流、语文综合实践活动放到一个突出地位，课时安排上和"阅读与欣赏"持平。在课程实施上，教师需要注意培养学生的学习主体意识，充分发挥学生的主体作用。尊重学生的个体学习差异，帮助学生寻找适合自己的学习方法和途径。引导学生积极进行自主学习、合作学习和探究学习。

职业院校语文新变化需要教师在课堂教学组织形式方面上有新回应，"自主、合作、探究"是一种更加主动和高效的学习方式。而小组合作学习就是将"自主、合作、探究"学习方式具体落实到现实教学情境中的一种模式，以生本教育理念、教学方法、课程改革为一体的课堂教学新模式，是实现职业院校语文新课程有效教学的必由之路。教学不仅可以对其过程和结果进行科学的评判，也可以用科学的理论与有效的方法来提高其效率。因此，优化教学过程、提高教学效率是有效教学的根本出发点和归宿。而教学效率并不是花最少的时间教最多的内容，而是在单位时间内学生的学习效果与学习过程综合考虑的结果，换言之，教学效率是学生的进步程度。

小组合作学习改变"以教为中心，进行知识讲述"的传统模式，①实现立足在教学点上，由"以书为本"向"以人为本"转变；②在教学目标上，由侧重"传授知识"向侧重"能力训练"转变；③在教学模式上，由"讲解—接受"型向"研讨—发展"型转变；④在教学空间上，由封闭型向开放型转变。中职院校语文课上的小组合作学习正是通过指导小组成员展开合作，完成特定的教学任务，达到发挥群体的积极功能、提升学生学习主动性和创造性、促进学生语文应用能力提高的目的。在新课程体系下，如果不采用小组合作学习的模式，教材中的表达与交流、语文综合实践活动就无法发挥应有的效果，学生语文应用能力也会因为没有恰当的平台而得不到全面的提升。从这个意义上而言，小组合作学习的教学组织形式是新课程背景下职业院校语文教学的必然选择。

（二）小组合作学习模式的建立

1. 合理分组，角色轮换

小组合作学习的第一步就是要对全部学生进行合理分组。分组时遵循"同质结对，异质编组，组间平行"的基本原则，根据学生各自不同的学业成绩、心理特征、性格特点、兴趣爱好、学习能力、家庭情况等组成学习能力相当的学习小组，既可以保持组与组之间的同质，促进组内合作与组间竞争，也可以因为主题任务多样而安排组间异质，共同完成一个主题。

每班以 4～6 个小组为宜，小组以 4～6 人为最佳。如果班级人数实在太多，可进行组内结对共同完成一个任务。在小组活动中，不同成员可以分别承担以下角色：①记录员：负责编写本小组活动参与方案，记录活动参与情况，撰写活动总结。②联络与监督员：负责监督小组所有成员的活动准备，保证本组对活动的有效参与，及时与班级活动负责人联系。③资料员：负责整理查找涉及讨论问题的相关资料。④汇报员：负责向班级展示小组的主要成果。小组内成员与角色固定好后，并不是始终如此、一成不变的，经过一段时间的实践之后，要对小组成员进行适时的调整，对组内角色进行有效的轮换。

2. 恰当选择学习时机

小组合作学习是新课程倡导的学习方式，但不是所有的教学内容都适用，不需要每节课都要进行小组合作学习，并非所有的教学任务都要通过小组合作活动才能完成，也并非所有的教学目标只有通过小组合作才能达到。把小组合作学习普遍化就是无视教学的规律。教师要恰当地选择小组合作学习的时机。以下情况推荐使用小组合作学习模式：

（1）在学习重点和难点时，进行小组合作学习。在传统教学方式中，教师预设的教学重点和难点往往只是教师课堂教学着力点，有时很难内化成学生课堂学习的重心。而如果学生能够通过小组合作去突破教学的重点和难点，那么就能有效地达成教学目标。

（2）当遇到争议，学生思维受阻时，进行小组合作学习。教学中学生对同一问题有不同的意见，或是思考过程突遇障碍，这恰恰是极可贵的教学机遇。在这个时候，学习小组的有效合作能够激发学生的主动思维，通过组内和组间的交流可达到解决问题的目的。

（3）在开展语文活动时，进行小组合作学习。在语文新课程中安排大量的口语交际和语文综合活动的内容，如果还采用传统的方式，会造成费时费力却没有实现应有的效果。小组合作学习将成为这类语文学习内容最重要的组织方式。

十、应用能力培养教学模式

（一）职业汉语能力的具体分析

职业汉语能力是指在职业活动中运用汉语进行交际和沟通的能力以及获得和传递信息的能力，是从事各种职业所必备的基本能力。它是中职院校毕业生必备的一项职业核心竞争力。中职院校毕业生职业汉语能力的水平会直接影响其就业、创业及在事业上的发展。作为标准化证书测试，国家职业汉语能力测试有一系列严格的技术要求，整个过程始终保持科学性和公正性。该测试的社会影响力正在逐步扩大，国家职业汉语能力测试（ZHC）将推广运用于众多行业岗位的招聘。

ZHC可以检测学生的职业汉语能力。ZHC是由人力资源和社会保障部职业技能鉴定中心开发主持，检测应试者在职业活动中实际应用汉语能力的国家级考试。它是国家级的语言文字测试考试，主要测试应试者在职业场合的阅读、文字表达、语言沟通能力。其主要目的是强调语感体验和语言交际能力，通过语言形式考查应试者运用汉语进行逻辑思维、心理分析、判断问题、解决问题、口头表述和书面表达的母语沟通应用能力。按成绩从低到高分为初级、中级、高级三个等级。获得ZHC不同等级证书意味着应试者具有不同的汉语能力。

（二）职业汉语交际功能的实现

ZHC是检测应试者在职业场合中汉语运用的水平，因此需要思考从多角度实现职业汉语交际功能。实现社会交际功能的方法有很多。为了达到交流和传递信息的目的，可以通过音符，将节奏和旋律与各种乐器音色相结合以表达不同的境遇与情感，可以用文字、图画、符号、代码等将信息可视化，用舞蹈、手势、旗语等将一定的信息凝固在一定的动作上，有的还可以变得触觉化，如握手和拥抱等。但这些交际手段与语言相比，都显示出各自的局限与不足，如携带信息有限，使用易受条件限制等。

语言作为最重要的交际手段，其优势正好体现在可以弥补以上各种交际手段的不足上，只要具备正常的发音生理条件和心理条件，就可以用语言来进行交际，而其他交际手段被认为是辅助性手段。语言的交际功能是指人们用语言传递和交流信息的功能，其使用率非常高（几乎渗透生活的每一个角落），是对人们工作和生活质量影响最大的语言行为方式。语言的交际功能不但体现了交际者的整体素质，而且是关系表达效果能否达到理想目标的关键。因此，语言交际功能是一种综合的语言运用现象。作为最重要的交际手段，语言在实际生活和工作中，根据不同的使用人群、不同的场合、不同的任务及目标等因素，又可分为文学语言、网络语言、职业语言等。

文学语言具有强烈的抒情性，文学语言力求形象、生动、声情并茂，在叙事、刻画、描写等方面，要使读者感同身受，产生一种身临其境的感觉，为此，比喻和拟人等修辞手法被大量引用，以增强效果。创作者也可以将自己的喜、怒、哀、乐等各种情绪浸入文学创作。此外，文学语言习惯彰显汉语言优美的一面。用韵的变化，声调起伏、和缓的变化，句子的长短变化，整齐句式的运用，皆可显现出语言的可读性和可观性。诗词在这些方面的严格要求自不必说，就连一些戏剧和歌词作品中也可以看到这些特点。

职业语言主要是指为完成某项工作而使用的语言。它的使用情况大体可以反映一个人综合的语言素质，对工作完成的满意程度、效率具有较大的影响。它并不是情感化、抽象化和虚拟化的语言，它是非常接近日常生活的语言，但又具有较强的目的性和高效性。职业工作中无论是专业问题的讨论还是人与人之间的沟通交流，都具有较强的任务性，与日常的闲聊和文学作品的抒情、叙事不同，是说话双方现场运用语言解决问题、完成任务进行的活动。每次的交流都要求有的放矢，都要围绕交流目的和初衷展开，甚至有时为了更好地完成任务，对语言表达的内容、表达方式和讲话的次序事先都要考虑好。此外，为了完成工作任务而进行的职场交流，不可避免地对效率存在要求。职业汉语要求工作人员力争用简洁明了的语言进行沟通，高效率地完成交际目标。为满足职业汉语的高效性要求，交际中需要遵循以下原则：

第一，言语真实。在交际中，要求说话双方提供真实可靠的信息，说话的内容要能真实反映工作实际，使对方能清楚了解工作要达成的目标，以此来拟定可实现目标的方法。

第二,内容集中。在交际中,会话的双方所说的话要与话题有关,即围绕工作内容谈起,切勿答非所问、另起话题。会话中,对于说话的量并没有固定的要求,而是与会话者的社会角色、会话的场合、会话双方的社会关系等因素相关。例如,教师在课堂上说话就需要多些;士兵在队列里说话相对要少。在会话交际中,说话过少会出现信息量提供不足的情况,从而导致不能完全表达清楚;说话过多,容易浪费时间和精力。因此,对于说话的量需要适应不同的场合和角色的要求,灵活掌握双方的社会关系,话语适量即可。

第三,语言精练。职业汉语要有很强的逻辑性,要求表达简洁、清晰明了,不产生歧义,能根据工作需要组织简洁的语言完成交际目的。

第四,语气恰当。这是一个相对灵活的要求,需要根据会话对象及其身份进行灵活调整,如对女性、对上级、对平级、对工作合作方等,选择适合的交流语气。不同的语气传递不同的情感,直接影响会话效果,因此要合理使用语气。

第五,态度谦逊。职业交谈中,需要保持谦逊的态度。职场交际要讲求说话的方式,在与人的交往中,要学会谦逊,多赞扬别人。同时需要尽量与别人在观点上寻找一致,在此基础上再寻求对分歧的解决办法。

综上所述,对语言交际功能的认识从语言产生开始就一直延续和发展,语言交际功能对学习、生活和工作各个方面都产生着直接影响。了解和掌握职业语言的交际特点,并将其应用于职场实践,可以更好地帮助人们处理工作事务,理顺工作中的人际关系。同时,由于职业语言的特定性,决定其交际功能的实现又有着一定的特殊性和灵活性。在职场交际中,为了得心应手地运用汉语这个工具来达到交际目的,首先需要双方言语素养高,因此,平时就应该注重培养提高自己的言语素养,通过积极锻炼来实现交际目的。

（三）中职学生应用能力的培养

语文教育在培养学生素质方面的作用是多方面的。一方面,它可以提高学生的文化素质、文化修养,使其树立正确的人生观、世界观、价值观;另一方面，语文也是一种实实在在的生活与工作必备技能。为适应市场要求，必须提高学生与人交流的能力，把中职院校语文作为技能进行教学。基于此，技能包含听、说、读、写等多方面，所以须把中职院校语文作为一门培养学生实际技能的综合课程来开设，以培养学生的多种职场语文应用能力，使中职院校毕业生具有求职、职业变革、职业发展和成就个人职业生涯所必备的最基本的技能。

中职院校需要重视语文的地位，研究中职语文的性质，对其进行改革。从而改革中职院校语文教学，建立科学的语文应用能力考核机制，解决职业院校学生语文应用能力较弱和未来职场要求提高的矛盾。突破原有的中职院校语文教学模式，从写作教学、听说教学、阅读教学等方面建立培养语文职业应用能力的课程体系，为促进中职院校语文教学模式的改革，可以建立语文应用能力考核机制，为职业院校学生搭建提高职业核心能力的平台。语文应用能力考核机制的建立具有以下作用：

第一，为企业招聘人才提供语文应用能力考核依据和结果，促使各中职院校真正以职业为导向进行语文课程改革，改变中职院校语文课程体系不适应市场需求的现状。

第二，让学生了解企业的需要，主动地、有目标地、有针对性地去学习，以提高自己的各项语文应用能力。建构科学的考核机制，中职院校语文教育任重道远，需关注社会、企业对毕业生语文应用能力的要求，重视中职院校语文的课程定位，进行考核机制的改革和语文课程教学改革，从源头上提高学生学习语文的注意力，以提高中职院校学生语文应用能力，建构职业核心能力。

第二节　中职语文教育的创新意识

创新是人的主观能动行为，是指以现有的思维模式提出有别于常规或常人思路的见解为导向，利用现有的知识和物质，在特定的环境中，本着理想化需要或为满足某种社会需求，而改进或创造新的事物、方法、元素、路径、环境，并能获得一定有益效果的行为。创新是人类特有的认识能力和实践能力，是推动社会发展的不竭动力。如果想走在时代前列，就不能没有创新思维，需要不停地进行各种创新。创新是素质教育的重要内容，是人的潜能作用发挥和创造精神培养的动力。

中职教育的根本意义在于塑造适应时代要求的专业性人才，这种人才不仅要有健康的体魄、健全的人格，还要具备文化素养、创新思维能力和较高的语言沟通能力。进行中职语文教学创新是学科发展与复合型人才培养的需要。但由于部分中职教师对这一教学工作的重视程度不高，导致教学工作缺乏创新性，为了改变这一现状，需要提升中职教师对这一工作的重视程度，树立创新意识。例如，中职院校可以开展教师创新教学专题培训，组织专题讨论，开发智慧，达成共识，树立正确的创新意识，推动语文教学工作进一步发展。在具体教学过程中，教学内容、组织形式、施教过程、运用手段等在信息技术不断发展的背景下重新定位、深入思考、全新探索。

一、中职语文教育创新意识的本质特征

创新的本质是开创之前没有的东西，具有新颖、独到、有生命力的特征，是人类通过知识与技能表现出的一种创造能力。创新精神与创造能力对人类社会的巨大贡献已被人类普遍认同，而且只有通过创新才能将知识和技能转化为生产力，从而推进人类文明，实现经济繁荣，推动社会前进，实现人的真正价值。教育创新的本质特征是改变旧的教育制度与教育内容及陈旧落后的教学方式方法，探索与人才发展相适应的新内容、新途径，培养人的创新精神与创造能力。

中职语文创新教育具有开发人的潜能的作用，它是完善人格、充实精神、丰富情感、开发智慧、提高学生素养的现代创新型人才培养的重要手段。现阶段的中职语文教育，无论是教材编写、课程设计，还是教学方法，都有必要进行创新探索。就以语文教育的"工具性"与"人文性"为例，部分人把它们割裂开来，似乎"工具性"的主要任务是字、词、句、篇、语法、修辞、逻辑等语文规律的认知，使语文教育高度理性化。

现行中职语文教材存在一些问题，如大部分教材中存在大量的古典文学作品，导致教材存在选文、结构矛盾的问题，为缩短学生与选文之间的距离感，提升学生的学习兴趣，需要对古今中外各种体裁的选文进行优化。另外，在信息技术不断发展的背景下，学生对小说类型文本的阅读兴趣较高，为了使语文教材能够满足学生的学习需求，需要在教材中引入这一类型的文章。但由于这类文本的教学成本投入较高，为了保障语文教材内容能够满足学生的学习需求，需要在选择时对文本内涵、教育意义进行分析，并选择内容幽默、教育意义较强的小说类文本，使中职语文教材进一步完善，以提高学生的学习兴趣，推动中职语文教学工作的进一步发展。

学生的学习行为发自兴趣爱好，但部分中职语文教师在教学时，还是使用传统的教学方式，没有在课程中设置互动环节，导致学生对教师讲的内容不感兴趣，学习积极性不高，为了提高教学有效性，需要进行教学方法的创新，在教学中引入名言警句、谚语等内容，使所教内容深入浅出，易被学生接受。但在这一过程中，由于每个学生的学习能力存在差异，需要教师以教学本质为出发点设计教学内容，并在教学中对教学内容进行创新，进一步提高学生的学习积极性，推动教学工作进一步发展。另外，对于中职院校的语文教学量问题，为了提高教学工作的连贯性，满足学生的学习需求，需要丰富选文数量，并以多元化为创新点，为学生提供广阔的视野，推动教学工作进一步发展。但创新是有前提的，需要在正确教育思想指导下，遵循教育规律，按照中职人才培养标准科学设置大纲，选编教材，运用切实可行的教学方法，充分调动学生自主学习积极性，创新教育可以使学生提高理解、表达、分析、欣赏的能力，最终成为熟练掌握母语与本国优秀文化的人才。

二、中职语文教育的创新意识与科学发展

创新是国家的希望、事业的发展、个人的愿景，只有不断创新才能激励和开发人的创造才能，而人的创造才能的充分发挥，将知识与技能同社会实践紧密结合，最终转化为生产力，推动社会进步与经济繁荣，这已经被无数科学实践所证明。世界上的万事万物都有一定的规律、法则或结构和功能，

需要人们通过观察、研究去寻找，创新形态具有以下呈现方式：①发现。发现是使那些已经存在，但过去不为人所了解的事物变得为人所知，给人类增添新的科学知识。②发明。发明是根据发现的原理而进行制造或运用，产生出一种新的物质或行动。③革新。革新即变革或改变原有的观念、制度和习俗，提出与前人不同的新思想、新学说、新观点，创立与前人不同的艺术形式等。人类社会是不断发展变化的，为了适应这种变化，人们原有的伦理道德、价值观念、法律制度、生产制度等，也必须随着不断地革新。发现、发明、革新等创新形式对社会文化发展变迁也起着极为重要的作用。

创新与科学发展有着互为关联、不可分割的因果联系。科教兴国早已成为我国发展的战略目标之一，也是人类物质文明和精神文明发展的必然结果。强调教育创新就是要在学科教学中注入素质教育的有效成分，培养出高科技时代知识经济所需要的具有创新意识、创造精神和创造能力的人，充分开发人的潜能，实现人类更高程度的自我解放。

中职语文教育教学是否能发挥出开发人的潜能的作用，体现在教材编写、教学设计、教学过程与教学方法等全过程有无创新举措。中职语文课程内容较为丰富，包括汉字、词汇、语法、修辞、逻辑等基础理论知识内容，能使学生进一步巩固提高语文基础知识，并推动教学结构进一步优化。但部分中职语文教材中没有编制单独章节讲解这些内容，虽然学生已经接受长期的语文教育，但没有系统学习这部分内容，会影响其语文综合能力的提升。为了更加完善语文教学内容，提高教学有效性，需要构建完善的知识系统，并与教材文本内容相融合，避免由于知识内容过于单一出现学生兴趣较低的问题。

三、中职语文教育创新意识的培养途径

（一）树立问题意识

学生在开展语文学习的过程当中，对于语文的兴趣来源有很多，主要是语文本身带来的吸引力，也有可能是为了提升自身的综合成绩，无论何种原因，无论在语文的课堂上还是在课下，学生都应该具有问题意识，这样能够

有效帮助其提升创新意识。

第一，树立问题意识要从教育对象的实际需要着手。首先，学生要能够深刻了解问题意识对于语文学习的重要性。问题意识对于学生而言能够有效发挥学生主体地位的作用。在当前的教育形势下，在教育过程中是否能够将学生摆放到主体地位，已经成为检验课堂质量的标准之一，学生接受教育的最终目的是提升自身的能力与素质，而只有保证学生的主体地位才能够真正落实课堂教育的最终目的。学生在中职语文的课堂当中，也应当摆正自身的态度，认识到自己应有的地位，不能够全凭教师的教诲来开展学习，只有具有一定的主观能动性，多提问题，善提问题，才可以有效提升自身的学习质量以及学习效率；其次，对于教师而言，也应当帮助学生树立问题意识，这样有两个明显的益处：①能够带动课堂的气氛与节奏；②能够帮助学生提升所学内容的深度。教师在开展教学时，需要通过有效的手段来帮助学生不断培养问题意识，鼓励学生敢于思考、敢于提出问题，对于课堂的内容以及书本的知识，敢于质疑。

第二，树立问题意识的具体手段。①可以通过教师授课的手段来帮助学生激发出学习的求知欲以及对于语文学习的热情。教师授课时，整个教学过程中带着丰富饱满的感情，利用语文这门学科所拥有的感性色彩以及文学之美，来感染课堂中的学生，帮助学生在课堂上构建一个感情饱满的情境，学生置身于教师所带来的学习氛围之中，就会激发自身对语文学习的新想法和新问题。②在课堂上创造学生提问的有效机会，学生提问的动力可能源于教师对于课堂节奏的把握，教师通过认真备课，将课堂不同的环节进行充分预设，把控课堂的节奏，让学生有充分的时间和足够的机会进行提问，这样也能够有效带动整堂课的自由氛围，培养学生的问题意识。③学生应当克服课堂提问的抵触心理，在中职语文课堂上，学生也应该大胆提问。自己在课堂上提出问题，不仅是对自身学习的一种尊重，也是对教师授课工作的一种尊重。

（二）培养多向思维

多向思维对于中职语文教学而言，其重要意义在于能够帮助学生从不同的角度、方向乃至层次开展对同一个问题的多向判断。多向思维本质上而言，是求异思维最重要的形式，在生活当中经常面临的抉择、问题都需要自己寻求解决办法，而在寻求办法与答案的过程当中，如果缺乏活跃的思维，那么就会导致方式的僵化。多向思维对于学生的学习乃至工作所产生的最有益的影响就是在面对一些事务处理和判断的过程当中，不会受到固化思维的影响，能够利用更加丰富的思维方式进行思考，同时还能够成为推动决策正确的因素。教师在中职语文的讲授过程当中，对于学生开展多向思维的培养，不仅在学生语文学习能力和语文成绩提升的方面能够取得良好的效果，更能够帮助学生在未来的工作和生活当中勇敢面对各种问题的挑战。多向思维的培养也离不开创新意识，只有具有多向思维的能力，才能够真正实现一个人思想上的创新。

在中职语文的教育过程当中，培养多向思维需要注重的是知识层面的沟通。中职语文课程的内容丰富，无论是古代文学还是现代文学，都具有自身独特的魅力与特点。教师在传授给学生语文知识的过程当中，也需要注重不同知识内容之间的联系和沟通。多向思维在教学中运用的主要目的就是能够帮助学生开拓思考的方式以及方向，就教学对象而言，学生普遍已经具有一定的语文基础和文学素养，这种情况下就需要利用学生已经具备的能力以及这个年龄阶段较为成熟稳重的特点，来帮助学生进行多向思维的训练与指导。

在不同课时学习的语文知识并不是完全独立的内容，它们共同存在于语文的知识框架之内，构成完整的语文知识脉络。在教师授课的过程当中应将课程的内容转化为知识链，帮助学生沿着一个正确的方向不断探索，并能够在探索的过程当中将不同的知识串联起来，从形象思维、经验思维以及逻辑思维等多个层面帮助学生将学习的内容转化为自身的思考。由此可见，培养多向思维的手段需要立足于实践，并且能够拥有正确的价值导向，多向思维从一定程度上来看，与学生的想象能力以及结合能力都有联系。在应试教育的环境下,学生通过教师的指导以及自身的努力,向多向思维的方向不断进步,提升自身思考的能力、拓展思考的维度,这样才能够促进在中职语文学习过程当中的创新意识的发展。

(三)增强综合判断

从课程的基本概念出发,语文实践活动的目标是实现学生素质的全面优化和全面提高,这个理念从一定角度来看,似乎只要学生的素质与目标有关就需要进行学习,但其实并不然。因为中国教育者注重整体素质的提高,最为重要的是从学科的特点出发,没有全能型教师,但是在一个学科当中的教学不能够忽视综合因素。综合语文学习不是一种具体的学习方法,而是与学科课程活动相结合的一门独立课程,是语言课程的重要组成部分,并且强调学科的内外关系,强调学习过程,注重激发学生的创造潜能,以及更好地整合知识的能力,特别有利于培养学生的观察能力、综合表达能力、人际沟通能力、信息收集能力、组织策划能力和团队合作精神。

语文综合性学习是一种多元整合,与单一语言知识或技能的单一性有别,它是学生解决自己的学习、生活、自然和社会问题的一种实践活动。语文综合课程必须以语文学科为基础,开展语文综合性学习,它必须面向全体学生,使学生能够掌握基本的语文素养,培养学生对语文的热爱,引导学生正确理解和运用祖国的语言,丰富语言积累,培养语感。中职阶段的学生具有一定的读写能力,能适应社会实际需要的阅读能力、写作能力和口语交际能力,提高学生的品德和审美,逐渐形成良好的个性和健全的人格,促进全面健康发展。由此可见,对语言的综合研究需要从多个角度入手,立足于学生语言素养的形成和发展的途径,而不是对其他科目知识的追求。语文综合性学习涉及其他学科的内容,但必须是"语文",不能够脱离学科的本质。学生语文素养的全面提高,是人文精神与学科精神的融合。因此,语文课程必须立足于学生的身心发展和语文学习的特点,注重学生的个体差异和不同的学习需求,关心学生的好奇心,充分激发学生的学习兴趣、学生的进取精神,倡导自主、合作、探究的学习模式。在语文综合性学习中,改变学生的学习方式，培养学生的实践创新精神尤为重要。

综合性学习应重视学生的自主性，注重培养学生的主动性和积极参与精神。学习应该让学生自己设计和组织，以培养他们自主和独立的学习习惯和能力。事实上，它也是语文教育的一个重要目标。在组织学生进行综合性学习活动的过程中，教师应引导学生仔细观察身边的事物，体验自然、生活、社会等各个方面，力求感受并发现它们。现代社会是一个信息社会，多介质和各种信息的出现要求人们具备收集信息、交换信息和处理信息的综合能力。过去的语文教学侧重于知识的传承，学生不需要查找所需的信息，从而引导学生收集信息，并利用信息来谈论弱势能力。在语文综合性学习的过程中，学生需要使用各种手段来获取信息，以便学习主题、访问或实地调查，或在互联网上搜索。在这个过程中，学生收集和处理信息的能力逐渐增强。

（四）丰富审美情感

语文这门学科并不是一门简单的工具学科，更具有艺术的特点，在语文教学的过程当中，为了能够有效促进学生的创新意识提升和创新能力培养，从丰富审美情感的角度着手也会取得良好的效果。社会的进步要求现代人具有更高的综合素质和较高的求真、求善、求美的能力，而追求美则是求真求善的统一体，这无疑是培养具有崇高审美理想、正确的审美观念、健康的审美情趣、敏锐的美感、明晰的审美鉴赏力和丰富的审美能力的最佳途径，是按照"美的规律"来创造美育的。

语文学科是学生直接接受美育的典型课程，尤其是引导学生对审美情感的培养。语言教学与审美情感是相辅相成的。首先，语文的本质决定提高思维能力是所有学科的共同任务，而语文是首要的责任。因为语言和思维是形式与内容的关系，必须在很大程度上提高语文教学的质量，必须把逻辑常识渗透到语文教学的各个环节，逐步普及学生的逻辑常识。语文是一门实践性很强的学科，语文学习的质量直接影响着其他素质的发展。

第三节　中职语文教育的创新思维

创新起源于拉丁语，包含了更新、创造新事物以及改变这三层含义，创新思维并不是一个近些年才出现的词，这个词在经济领域、学术领域等都十分常见，它指的是利用崭新的角度、方法去解决问题的思维过程。创新的思维在应用方面具有十分广阔的范畴，创新思维的应用包含了事物、方法、元素、环境等多个方面。创新思维是人的大脑对于外界信息接收之后进行的一种反应，创新的灵感来源和能力来源也离不开现实社会。在这个社会当中，已经存在形形色色的框架体系和事物，但是如果只停留于现状，那么就会无法满足时代的变化以及更高更大的需求，创新思维开展的过程从本质上来讲也是社会进步以及人类思维能力提升的表现。

一、中职语文教育创新思维的具体特点

创新思维拥有两个最为主要的特点：一是独创性；二是变通性。独创性指的是创新思维在应用的过程当中会具有与他人不同的特点，每一个人的思维都会有各自的特点，而不是趋同的，在传统的思想根基之上，创新思维展现出了自身独特的魅力。变通性即是指对一个问题或者是事物进行思考的过程当中，可以不局限于一个思维角度，而是全方面地去看待问题。针对一个问题开展思考，并不可以固化地仅仅使用一个思路，这种方式无法带来真正的创新思维，利用变通的方式才能够使得思维得到开拓。

创新思维可以是人类进步的一种表现，从人类文明产生开始，创新思维就一直对历史进程起着推动的作用，新的生产方式带来了社会的进步，新的生产关系出现促使社会从奴隶制走向封建社会再走向资本主义社会，并且朝未来不断发展。创新思维在历史当中所起到的重要作用不仅反映在史实之中，在当代，创新思维也一直发挥着它的作用。例如，在学术方面，创新思维不仅可以推动学术科研不断进步，并且可以创造对人类、对社会有价值的成果。

创新思维在中职语文当中也起到重要的作用，在语文的学习过程当中，也能够发现创新思维的存在，创新思维可以帮助学生以及老师冲破传统学习方式的束缚，从而探索到语文学习更深的奥秘。作为一名教师，首先要努力学习创造性思维理论，积极注意学习，保持创造性思维的观念、基本形式、基本方法和技术训练，强化教学中的使命感和责任感，树立创造性思维；其次要努力学习，充分熟悉教材，必须通过假期等时间阅读、分析和注释教材，梳理适合创造性思维训练的课程，并从教学目标的确定中引入教学过程的设计、问题的讨论和课堂气氛的调动多角度进行。

二、中职语文教育创新思维的培养策略

（一）语言想象思维的培养

语言想象思维的培养是中职语文教学当中培养创新思维的有效手段。想象思维对于创新思维的培养乃至对于整个中职语文的学习具有重要的意义，因此，中职语文学习也必然离不开想象思维的认知、构建以及应用。只有转变观念，在语文教学的各个方面贯彻启发式原则，培养学生的想象力，才能真正贯彻素质教育的精神，提高语文教学的质量，培养创造性人才。想象是在头脑中创造新事物的过程，或是根据口头语言或文字的描述形成相应事物的形象。它是人类最基本的心理活动，是在原有感性意象的基础上创造新形象的心理过程。在生活的实践中，人们不仅可以感知到当时对自己器官所做的事情，而且可以回忆过去不在眼前但又经历过的事情，并能够形成自己从未经历过的事物的新形象。在其他人的描述基础上，根据自己现有的知识和经验利用语言或文字描述形成相应事物的图像。

想象思维本身存在于身边，并且在很长时间以来都影响着生活。想象思维对于创新思维而言必不可少，且十分重要。想象思维是建立在人对于现实的基础认知以及自身的想象能力应用之上的，因此在中职语文的学习当中，学生如果想要培养创新思维，也需要从想象思维方面着手，这样可以帮助其在很大程度上拥有更好的思维创新能力。语言想象思维必须保证学生可以拥

有对于周边事物的感知，帮助开展语文的思维拓展，这样不仅能够提升语文学习的能力，还能够有效帮助自身拥有更加深厚并且有效的想象能力。

（二）文学联想思维的培养

文学拒绝直接表达理性思维，文学不需要判断和推理。无论是接触场景还是观察、思考事物、发人深省，还是突然开悟，都要看具体情况。对象的形象客观存在，它一旦被人们感知，就会给人以感觉和思想，客体形象不再是客观的，它成为情感和思维的文学形象。对象之间没有逻辑连接，没有逻辑上的联系，物体之间的关系是物理的和自然的，图像是非逻辑连接，这种非逻辑的联系整合人类的情感，表达人们的灵感和洞察力。联想思维的非逻辑性只是不符合生活表面的逻辑，其实正是事物与情感的深层联系，所以显得合情合理。

联想思维的影响不是说服，而是感染，它比理性的说服和论证更强大、更长久。因此，加强对发散联想的训练，可以拓宽视野、拓展思维，充分调动写作中知识和经验的积累和记忆，进行多向、多角度、多层次的联想，并举一反三，由一个编撰新颖的主题，引出一篇全心全意的文章。根据不同类型的文章，可以运用不同的发散联想来挖掘材料和情节，并进行良好的思维品质训练。虽然反向联想有助于突破思维的枷锁，提炼新思想和新思想的主体，还可以培养思维的独立性和批判性，但要使这种思维训练和写作应用达到理想的效果，还应该注意实事求是，这就意味着思想应从实际出发，尊重事实，尊重事物发展的客观规律。

此外，隐喻是联想思维中相似联想的体现，对比修辞是联想思维中对立联想的体现，是联想和在联想中的体现性思维，如修辞、引文修辞等。通过这种认识，学生的语言表达能力和思维能力在经过一定的训练后有所提高，这正是因为想象在写作中起着重要的作用。在作文训练中，培养学生的理性想象力是非常重要的。文章中反映的客观事物，一般都是源于生活的现实，并在此基础上得到升华。文章是客观事物在客观思维中的反映，即作者观察客观事物，通过思维思考，然后以语言的恰当形式表达客观事物。阅读教学是分析文本的语言，引导学生想象文章中表达的客观事物。不仅要想象生活中的文章，还要想象文章中生命最初的样子。不仅要想象文章中反映的客观事物，还要想象作者对事物的思维过程。不仅要学生想象作者直接看到的东西，还要想象作者的想象力。学生从创作的角度理解作者写作过程的想象过程，知道想象的方式，这才是中职语文教育所追求的主要目标之一。

（三）艺术鉴赏思维的培养

欣赏本质上是一种审美能力，在发展的过程当中人们保留不同的审美情感，并且主要表现在对美的理解和评价，接触某种生活的美好事物的形式和内容都会对人的艺术鉴赏思维产生触动。美学思想的思维观一旦触及事物的形式和内容，审美环境就会激活审美思维，每个链接和元素都应该在交互评价中进行。因此，就语文阅读教学而言，为了鉴赏操作与设计，描绘审美主体的艺术形象能力至少应包含以下方面：

第一，欣赏审美主体的审美形象。欣赏主体应具备把握艺术美的整体魅力的能力。在学生的脸上也包含了审美思想的审美再创造的主体，由一种艺术形象形成自己大脑的"发现"的乐趣和提升。其实，正是这样，欣赏过去积累的生活经验和情感体验，最终实现了情感的认同，是一种新的整合，进而创造审美和美感的思维、美感和审美理解的"发现"。

第二，审美愉悦与审美理想相联系，在艺术的形象中是审美思维的表达。实践证明，升华只是一种新的审美意象，它已成为审美思维的新体验和新组合，它在头脑中有完整体验。由此可见，审美思维是艺术形象的快速特征，可以唤起对审美体验和理解的想象空间，培养学生审美思维，以增强学生对新的审美思维的积累和鉴赏能力。

（四）逻辑推理思维的培养

在语文教学中，对学生进行最基本的听、说、读、写训练，这四种能力是由语言能力和思维能力决定的。因此，语文教学中应重视语言和思维训练。要体现语言的核心作用和思维训练，关键在于处理好语言的训练和思维训练之间的关系。就一般要求而言，必须防止与思维训练分离，单独从事语言训练，有必要从语言训练中防止偏差训练，有机地结合这两种训练。

　　语言训练与思维训练相结合的原因在于，学生的思维集中于语言的发展需要扮演的角色。例如，学生作文中单词或句子使用不当的问题是形式上的语言问题，同时也是思维内容的问题。一个学生不能正确理解和应用这个概念，就不能对事物做出逻辑判断。由此可见，学生的语言总是遵循他们的思维发展和向前发展。如果不重视思维训练，学生不仅会受到思维发展的影响，语言的发展也会是不健全的。因此，在语言训练中应做好思维训练，并将两者有机地结合起来。

　　思维训练在语文教学领域中较为普遍，这种教学活动自觉和不自觉地发挥着不同的作用。如果有一种思维训练，在课堂上做这种活动时，要有意识地对待教材和学生的实际情况，适当地传授思想知识和一些思维方式，并保证学生可以将这些思想和思维方式应用到自身的学习实践当中。由此可见，作为一名中职语文教师，在语文教学过程中具有或增强思维训练的意识是非常重要的，运用逻辑知识提取学生积极的逻辑思维，是提高作文教学质量的重要途径。

第四节　中职语文教育的创新活动

一、教育创新活动的原则

（一）独创性的原则

　　为了充分发挥中职学生语文实践活动在促进学生语文能力提升上的帮助作用，则需要明确实践活动的开展原则，从而为实践活动的有序进行提供保障。其中独创性原则是进行中职语文实践活动时需要充分落实的原则，指的是确保实践活动内容的创新性和时效性，能帮助学生掌握充足的语文知识，促进学生语文能力结构体系的完善发展。语文活动的高效开展需要同时发挥师生双方在实践活动中的创造性及主动性，以便提高师生在活动中的参与度。语文实践活动的开展需要突出学生主体地位，要求教师能发挥其组织和引导作用，为学生提供适宜的活动内容，并引导学生将创新思维运用到活动开展过程中。要想保证独创性原则真正落实在语文实践活动设计中，要求教师能尽快接收新的教育观念，将新的语文知识渗透到实践活动设计中，为学生提供全面的语文知识。

在实践活动设计及开展过程中，教师应有意识地吸收新知识，以便提高其综合素养，以及能在活动开展阶段提供更好的教学指导。另外，实践活动内容创新特点还应通过挖掘教材内容来实现，教师应在以教材内容为主的基础上，准确把握教材内容并创造性地利用教材资源。通过上述做法，能保证实践活动内容设计的合理性，并能在延伸教材内容的情况下，提高实践活动针对性，挖掘学生潜能。为了达到教学活动精心设计的效果，需要在语文实践活动中采取启发式以及讨论式的教学形式，提高学生智力并加强语文教学效果。

在讨论内容制定上，可由教师和学生共同商讨，主要针对教材内容中有研究价值的地方进行细致探讨，从而保证对教材细节知识的有效掌握。语文活动课程较为重视与社会生活以及学生实际联系起来。学生对已经经历过的事件通常有深刻体会，并希望借助文字载体将其思想表达出来，同时对外部世界有强烈的探索意愿，这就促使语文实践活动设计时运用的素材是取之不尽的，并能通过将新的社会观念结合到主题讨论中，得到更加深刻的研究成果。例如，在以环保为主题开展语文实践活动课时，可设计成完整的活动内容，还可针对某一主题进行活动设计。通过收集研究领域对环保这一问题提出的新理论，为语文活动内容的合理设计提供保障，进而丰富学生知识体系，为他们理性思维水平的提高提供帮助。

总体而言，独创性原则在实践活动内容设计上的运用具有重要意义，是提高活动开展效果的关键，并且在独创性原则规范作用下，能整体提高实践活动质量，促使学生参与语文活动，实现自身语文能力的发展。

（二）综合性的原则

学生语文活动实践阶段要按照一定原则来设计实践内容，以便取得最佳实践效果。语文实践活动应具有综合性特点，促使学生自觉将语文知识内化为能力，培养学生的语文素养。语文活动关键目的在于扩展语文知识学习和应用的领域，明确语文教学和实际生活的密切联系，以便在多方参与语文教学实践的情况下，实现学生语文素养全面发展。在实践活动的不同环节中，教师要以培养学生多方面能力作为活动开展原则，例如，通过设定相应的教学目标，使得学生能在完成学习任务的过程中，提高他们自身的口语交际能力、信息处理能力、合作能力、书面表达能力以及创新能力等，进而促进学生语文素养的提高。例如，为了保证语文实践活动的设计能起到培养学生多方面能力的作用，则可设计采访环节，鼓励学生通过课后采访及现场采访等，在采访实践中，学生听、说、读、写等综合能力得到了一定发展，并将语文知识运用到实践中，可促使学生明确语文知识学习的重要意义，从而提高学生的自主学习意识。

在综合实践活动开展过程中，还将帮助学生形成优良的学习习惯，由于已经掌握了实践经验，这时学生会通过自己设计安排活动实践等，真正获取直观的感受经验和理论知识，在实践中确保知识运用的合理性，并加深学生对语文知识的理解。在上述语文实践活动有序开展的条件下，能极大程度调动学生的语文学习兴趣，增强他们将语文知识转变为自身能力的转换技能，从而体现语文教学实际价值。语文实践活动的主要特点便是将社会生活与语文教学结合起来，可促使学生语文知识获取渠道的多样化发展，进而开阔学生视野，使得学生认识到多元文化的学习价值，并能自觉吸收传统优秀文化，促进学生思想境界的提高。另外，语文实践活动能保证语文知识真正运用在生活实际中，并在实践中得以丰富，因此，有必要注重语文实践活动的良好开展。通过加大语文教学和社会实践的联系，有助于培养学生实事求是的科学态度，吸引学生参与语文活动，为语文活动开展效果的提升奠定基础。

（三）发展性原则

实际设计语文实践活动内容时，要注重发展性原则的运用，明确语文实践活动的组织在发展学生语文能力上的促进作用。对于语文活动而言，其本质为变革，组织语文教学实践活动的主要目的在于加大对学生语言文字运用技能以及语文素养的培养，从而保证语文活动内容设计的合理性，语文实践活动内容设计标准提高了学生语文学习质量和效率。需要在正确认识语文实践性教学本质的基础上，保证活动内容的针对性设计。

发展性原则的提出便是为了充分体现实践性教学在学生发展上的促进作用，需要保证发展性理念贯穿于实践活动设计过程，使实践活动设计体现出先进性特点，为学生语文能力的提高提供基础条件。从实际来看，语文教学活动和语文知识学习间并不总是促进关系，随着语文教学课堂中听、说、读、写等活动的开展，将促进语文学习过程顺利开展，并保证学生不断积累语文知识。但是随着学习行为的进行，学习者的学习能力和知识获取倾向等将发生变化，这种变化能长期保持，在这种变化情况下，个体对语文教学知识的需求有所改变，要求语文教学知识具有多样化特点，并能逐渐增加知识学习难度。但是实际课堂教学中，大部分教学活动只是在单一水平标准上的重复，这时教学活动的开展与语文知识学习之间不成正比关系。

因此，有必要在设计教学活动内容时，严格按照发展性原则进行设计，从而保证教学实践活动的开展有助于学生语文能力朝着高层次发展。例如，在鉴赏诗歌时，应在保留朗读这一教学手段的同时，增加新的教学形式，包括以教材文本为主，尽可能多地收集相似诗歌作品，在细致分析多个诗歌作品间相似点的过程中，掌握诗歌相关知识。随着教学实践活动的进行，还要保证语文教学难度的适当增加，确保语文实践活动在难度设定上体现出层次性特点，从而始终保持教学活动在学生语文能力发展上的促进作用，这是语文实践活动设计遵循发展性原则的重要体现。在明确教学活动设计原则后，要求教师能在实践活动开展阶段指导学生有序进行语文学习，保证实践活动与语文教学紧密联系起来。当实践活动内容以及活动形式的选择都处于学生近段时间的发展区时，则说明活动设计符合学生语文学习特点，要做到活动设计难度与学生学习能力相适应，进而最大限度地调动学生学习能动性，推动其朝着高认知水平发展。

二、教育创新活动的形式

（一）教育创新活动形式——经典朗诵

经典朗诵也是提高中职学生人文素养，建设校园文化的重要组成部分，作为文学爱好者展示自身能力的舞台，也是经典文化传播发扬的舞台，经典朗诵活动的存在具有无可替代的作用。组织经典朗诵活动可以让文学青年的文学底蕴得到进一步的积累，这种经典朗诵读书活动也可以引导语文爱好者更加积极地参与其中，帮助学生提升自身的内涵，从经典文学中探寻人性和审美创新。

现代社会中人们对人文精神的追求日益强烈，经典朗诵是人们对经典文学作品的一种全新的阐述，也就是说，在现代社会中，通过经典朗诵的形式，可以在物质解放的同时，更好地发现文学作品中的美，提高学生的身心素质，进而培养其意识，以此更好地弘扬语文文化和语文精神，实现自我价值，提升内在素质。如教师可组织学生以某一艺术作品为主题，自行创作朗诵内容，并在朗诵过程中加深对艺术作品情感的把握。而且经典朗诵除了可以在校园内活动之外，还可以在校园外、社会中进行，以此对经典文化进行传播，营造和谐的文化学习氛围，以此为社会和谐发展奠定基础。必须发挥出经典朗诵活动的作用，让其走出课堂、走向社会，切实提高经典朗读活动的实效性，实现创新发展。基于此，教师要根据教学内容和语文知识理论，对经典朗读活动进行策划，其内容必须是经典的，形式必须是灵活多样的，有利于学生自由思想与独立精神的培养，从而保证活动得到科学有效的开展。

（二）教育创新活动形式——演讲比赛

演讲比赛和经典朗读活动相似，但是相比之下，演讲比赛更能够调动学生的积极性,激起学生的求胜欲,通过科学合理的演讲比赛可以在学生之间树立起良好的竞争关系,让学生感受到压力的同时,激发学生的学习动力。课程的实践性和创新性教学想要取得一定的效果,就必须让学生充分发挥自身的优势,教师也要指导学生积极参加演讲比赛,提高语言能力,强调语言运用的技巧。教师要积极为学生开展不同主题的语文演讲比赛,指导学生撰写相关演讲文章,参加更高层次的演讲比赛。通过开展演讲比赛活动,可以有效扩大学生的阅读面,并且开展优秀的演讲选手和作品的评选活动,将知识融入趣味性、知识性活动,借此活动充分调动学生的学习积极性,让学生主动学习,增强语文知识的创造性,真正实现教学相长。在执行演讲比赛活动的过程中,还要更好地考核学生,让学生真正学习到语文知识,无论是何种形式、何种主题的演讲比赛形式,其主要目的都是要让学生对知识的掌握程度进一步加深,以此让学生按照自己的兴趣自愿选择演讲形式,参加演讲比赛,继而撰写演讲稿,选择自己有兴趣的作品或者文化内容进行评价,让理论和实践之间的联系性日益密切,从根本上提高学生的实际操作能力,满足学生的需求,让语文知识得到实际应用。

(三)教育创新活动形式——课外阅读

课外阅读也是中职学生语文学习的一种创新活动,在学生的学习生涯中,学生的课外阅读活动也极为重要,学生通过选择一个感兴趣的作品和文化现象进行分析可以更好地进行阅读理解和文化分析,进而更好地积累学生的课外知识。课外阅读活动势必对学生阅读产生一定心理影响,如果忽视了课外阅读活动,课程就不是完整的。语文教学必须贴近学生的学习生活,让学生和课堂知识更加的接近,因此,随着信息时代的不断推进,中职学生想要提升自身的语文素养,可以阅读更多的课外书籍,以此满足现代社会对人才的不断需求。学生除了可以阅读文学类方面的书籍外,还要大量阅读与自己学习生活有关的其他学科的书籍,必须保证社会发展对高素质人才的需求,进而通过阅读提升自身的文化素质,才能够让学生更好地提升自身的竞争优势,从而让创新教学开展更加的顺畅。通过课外阅读也可以更好地汲取经验,满足自身需求。中职学生的阅读面不能仅仅局限于所学专业范围内，要扩大阅读视线，经济、文化、社会、历史、哲学等各类书籍都要阅读，才能适应社会发展的需要，还可以引导学生更好地认识社会、了解人生。

第五章　中职语文教学的技能解析

第一节　中职语文教学的准备技能

一、中职语文教学的教师备课技能

教师在教学前所做的一切准备工作都是备课，如编写单元教学计划、课时教学计划等都属于备课的范畴。虽然备课工作从制订课程计划、学期教学计划及学年教学计划等就已经开始了，但是人们还是习惯将课时教学计划称为备课。备好课是上好课的前提和基础，是教师依据教学的客观需要形成教学能力的过程，是提高教学质量的重要环节。

备课是教师教学的起点，合理的备课能够在教学过程中起到事半功倍的效果。尤其在中职教育中，学生的兴趣相对较低，学习动力不足，因此教师的备课必须更加精准和有效。优秀的备课不仅能够使教学内容更加贴近学生的实际需求，还能激发学生学习语文的兴趣，提高其学习效率，进而促进学生全面发展。中职语文教师在备课时需要关注以下方面：

第一，了解学生情况，制定备课目标。在备课过程中，教师首先需要全面了解学生的实际情况，包括学生的学习水平、学科特点、学习态度、兴趣爱好等。通过对学生情况的摸底，教师可以更好地把握教学内容的难易程度，避免制定出过高或过低的教学目标。针对中职学生普遍对语文学科难以接受的问题，教师可以制定针对性备课目标，结合实际教学情况，科学设置每个阶段的学习目标，帮助学生逐步提高。

第二，合理选择教材与教辅。在备课过程中，选择适合学生特点和教学目标的教材和教辅资料至关重要。中职学生的学习时间较为有限，教师要精选教材内容，重点突出实用性和职业相关性，避免过多冗杂的内容。此外，教辅资料也是备课中不可忽视的部分，合理的教辅可以丰富教学手段，帮助学生理解和消化知识。

第三，设计灵活多样的教学活动。中职学生一般具备实践动手能力，因此教学活动的设计应该充分考虑学生的特点，增加实践性和趣味性。教师可以结合学生的职业兴趣，设计一些与实际生活相关的教学活动，如职业写作、实践交流等，激发学生的学习热情。此外，多样化的教学活动还可以增强学生的自主学习能力和团队合作能力，提高教学效果。

第四，运用多媒体技术，提升教学效果。随着科技的不断进步，多媒体技术在教学中的应用已成为一种趋势。教师可以通过多媒体手段，将抽象的知识用图文并茂、生动形象的方式呈现给学生，使学习更具吸引力和趣味性。例如，利用投影仪展示图片、视频等教学资源，利用教学软件进行互动教学，都能有效激发学生的学习兴趣，增强语文教学效果。

第五，关注学生学习效果，及时调整备课方案。备课不是一次性过程，教师在备课后需要密切关注学生的学习效果，及时调整备课方案。通过听取学生的意见和反馈，了解学生的学习状况和问题，教师可以根据实际情况对备课方案进行优化和改进，以确保教学效果的最优化。

中职语文教学的备课技能对于教师的教学质量和教学效果具有至关重要的影响。只有深入了解学生情况，制定明确的备课目标，选择合适的教材与教辅，设计灵活多样的教学活动，并善于运用多媒体技术进行教学，才能更好地引导学生学好语文，培养学生的综合素质，为他们未来的职业发展打下坚实的基础。同时，教师还应持续关注学生学习效果，灵活调整备课方案，以适应学生学习的需求和发展。通过不断地提高备课技能，中职教师可以更好地开展教学工作，助力学生在未来的职业道路上取得更高的成就。

二、中职语文教学的教师导入技能

导入是指在新的教学内容或活动开始时，教师引导学生进入学习活动的方式。导入新课是中职语文课堂教学的起始环节，有经验的教师都非常重视这一重要环节。贴切、精练、新颖、富有启发性的导入不仅可以让学生的注意力集中起来，诱发思维，激发求知欲，为下一阶段的教学创造条件，还可获得事半功倍的效果。因此，设计好一节课的导入，是教师应掌握并熟练运用的基本技能之一。

（一）导入技能的构成

认知心理学认为，每个学习者头脑中都有一个认知结构，即思维的内部逻辑体系。外界环境的刺激首先作用于这个认知结构，然而并不是所有的外界刺激都能引起知觉从而产生学习，只有当认知结构与外界刺激发生不平衡时，才能引起学习的需要。人的心理有一种倾向，就是总要试图调整这种不平衡，以达到新平衡，这就是学习动机。导入技能结构中的各个要素和导入设计的各种类型，都是为这个目的服务的。

所以，导入技能是教师在一个新的教学内容或活动开始时，运用建立教学情境的方式，引起学生注意，激发学生兴趣，明确学习目标，形成学习动机和建立知识间联系的一种教学行为。导入新课的设计应从教学目标出发，深入钻研教学内容，分析学生的认知特点，使学生明确其学习目的和教学内容，启发其学习积极性和主动性，造成"愤"和"悱"的心理状态，以便更好地理解和掌握知识。导入的设计必须具有合理的内部结构。典型的导入主要由以下方面的要素构成：

第一，集中注意力。要想使学生的兴奋中心转入课堂教学，首先就必须使学生的那些与中职语文教学无关的心理活动得到抑制，将注意力迅速投入新的学习活动，并使之得到保持，这是导入新课的首要任务。

第二，引起兴趣。学生对学习产生兴趣时，便会积极主动、心情愉快地投入学习活动。因此，实际设计导入的目的就是运用各种方法、手段，把学生的这种内部积极性调动起来。

第三，激发思维。当学生通过初步的感知对学习产生浓厚的探究兴趣之后，就要通过问题、矛盾或现象诱发学生的思维，使学生的思维尽快启动和活跃起来，这是导入的关键，也是导入的难点。

第四，明确目标。当学生的积极性被调动起来，思维处于活跃状态时，教师就要适时地讲明学习的目标和作用，这样才能把学生的内部动机充分激发出来，使其自觉地控制和调节自己的学习活动。

第五，进入新课。通过导入自然地进入新课，使已有的知识结构与新课之间建立有关的联系，充分发挥导入的作用。

(二)导入技能的作用

导入也叫定向导入，即把思维引入一个特定的问题情境中的行为方式。好的导入可以激发学生的学习兴趣和动机，调动学生学习的积极性；可以使学生学习的思维由浅入深、由表及里、有层次地进行，有利于学生接受和理解，符合学生的思维规律。相反，不合逻辑的导入会使教学内容支离破碎，缺乏系统性。

第一，准确而适当地导入新课，可以使学生集中注意力，明确学习任务。导入可以提供必要的信息，给予学生适当的刺激，引起和集中学生的注意力，自觉进入特定的教学环境（学习的准备状态），为学习新课题做好心理准备。注意力作为维持心理活动正常进行的一种积极伴随状态，可以使学生在上课时把自己的心理活动始终指向并集中于学习活动中。因此，教师准确、巧妙地导入新课，不仅可以使学生的注意力从课前活动转移到学习上来，而且可以使学生的注意力集中并保持下去，以顺利地完成这堂课的学习。恰当地导入新课，用简练的语言、科学的实验或直观的教具等揭示教学内容的重点或难点，能使学生在学习新课的起始就把握住教材的重点，明确学习任务，思维就能很快被导入正确的轨道上来。所以，导入的作用还在于使学生初步了解教学的主题内容，获得感性认识，为下一步深入、全面学习奠定基础。正因如此，很多教师在导入新课时，常常直接或间接地让学生明确学习目的，从而激发其学习的内在动机，使其有意识地控制和调节自己的学习活动。

第二，正确而巧妙地导入新课，可以激发学习强烈的求知欲和浓厚的学习兴趣。兴趣是人们积极探究某种事物或进行某种活动的心理倾向和动力，并伴有强烈的情绪色彩。因此，中职语文教师应利用各种教学资源和媒体，通过创设问题情境营造良好的学习氛围，激发学生的积极情绪，激活学生的思维，使师生的思维同步，使学生对所要学习的课题产生浓厚兴趣，体会到思维的乐趣并保持高涨的学习情绪。正因如此，教师导入新课应针对学生的身心特点和学习内容精心设计，使课程一开始便能紧紧地抓住学生的注意力，使他们兴趣盎然、精神振奋。

第三，生动而有启发性地导入新课，可以激活思维、挖掘潜力。思维是人们进行学习必不可少的心理活动，是智力的核心部分。教师生动而富有启发性地导入新课，可以点燃学生思维的火花，激发想象，启发学生从不同的角度富有创见地思考问题、探索问题，培养学生思维的灵活性和创造性。引起学生兴趣的目的是使学生进入活跃的思维状态，积极地进行学习。同时，导入也为教与学提供了思维的阶梯，在导入过程中，教师应有意识地介入后续学习涉及的已有知识，以降低学生学习的难度，使思维的梯度降低的同时得以步步深入，使教与学的双边活动得以顺利开展。

（三）导入技能的类型

教师可以根据教学内容，结合学生求知欲强、活泼好动、想象力丰富等心理特点，精心编制导言，认真设计新课的导入方式，以调动学生学习的积极性。由于教学内容不同，教学对象各异，加之教育者创造性地融进科学性、教育性、思想性、艺术性等因素，就使得导入的方法更加灵活多样、生动有趣。

1. 以强调知识之间内在联系为主

以强调知识之间内在联系为主的导入方法，主要有直接导入法、审题导入法、衔接导入法和类比导入法等形式。

（1）直接导入法。直接导入法是直接阐明学习目的和要求、各部分的教学内容及教学程序的导入方法。这种导入方法要求教师语言精练、条理性强、富有启发性和感染力。这是各科教学中最常见、最简单的导入方法，常在中、高年级的课堂教学中采用，但不宜过多使用这种方法，特别是对于学习能力、自我意识和意志力水平较差的低年级学生，这种方法难以收到较好的效果。

（2）审题导入法。课题的标题是一节课的"窗口"，也是教学内容的高度概括，从课题的标题就可以窥知全文的"奥秘"。只要理解了标题的含义，就能通晓全篇的意义。因此，从理解标题入手进行导入，更能使学生明确学习目标，抓住教材的重点和实质，这样的导入可以开门见山地抓住教学的重点，促使学生思维迅速定向。在新课开始时，教师先板书标题或课题，然后从审题入手，引导学生分析课题，思考围绕课题的一系列问题。这样的导入直截了当、清晰简明，可以让学生很快地进入对教学中心问题的探求。审题导入法与直接导入法相比，更突出中心或主题，能使学生很快进入对教材中心内容的探求，同时能唤起学生的学习兴趣。运用审题导入法的关键在于，教师应围绕课题精心设计一系列问题，通过设问、反问、讨论等方式，发动学生积极思考，从而起到让新知识在已有知识上生成的作用。

（3）衔接导入法。衔接导入法是各学科、各年级常用的一种导入方法。它主要是根据知识之间的逻辑联系，找准新旧知识间的联结点，利用旧知识的回顾和引申来导入新知识，从而使新旧知识前后呼应，互为因果。作为引出新知识的已有知识可以是上一节课讲的或前几课学过的，也可以是其他相关课程学过的。采用这种导入方法要注意引导学生温故知新，使学生感到新知识不陌生，便于将新知识纳入原有认知结构，积极参与学习活动。

（4）类比导入法。在教学中，有些知识在结构和特征上相同或相似，新旧知识之间联系很紧密，这时我们就不必把它当作全新的知识逐一传授，而可以从它与旧知识的类比中，运用学习中的迁移规律，进行类比启发，在原有同类知识的基础上，以此类推，举一反三，从而启发学生发现规律，获取新知识。采用类比导入法导入新课时，一定要注意复习巩固相关的旧知识，在熟练掌握已学知识的基础上进行类比或迁移，要防止由于知识之间的相似性而发生相互干扰，导致出现知识掌握中的错误。另外，此法对学生分析问题能力要求较高，更适合中、高年级使用，特别适用于理科性科目教学。

以上四种导入方法的共同特点是新旧知识之间或前后知识、课题之间的联系紧密，逻辑性强。教师在运用这类方式时，首先应注意从学生已有的知识结构出发，注意新旧知识之间的联系和异同，围绕新的课题内容来设计合理的导入方式。此外，应根据学科性质和学生特点灵活采用不同方式，如衔接导入法与类比导入法在理科性科目教学中运用得更为广泛，审题导入法则在文科性科目教学中屡见不鲜。

2. 以生动直观、联系实际为主

以生动直观、联系实际为主的导入方法，有实验导入法、直观导入法、故事导入法等。

（1）实验导入法：以进行教师演示实验或学生实验的活动方式将学生引入学习情境的导入方法。

（2）直观导入法：教师以引导学生观察实物、模型、图表、电影、电视、幻灯片等活动方式，设置问题情境的导入方法。

（3）故事导入法：这种方法以生活中所熟悉的事例或报刊上的有关新闻，以及历史上或社会中的故事设置问题情境，使学生产生解决这些事例中的问题的愿望，通常在学生缺乏有关事实的情况下采用。故事导入法是一种借助恰当的寓言、典故、传说、实例，以讲故事的形式开讲，激发学生的好奇心和学习兴趣，启迪学生思维的一种导入方法。教师所讲的故事，应该与教学内容紧密相连，或作为教学内容的有机组成部分，而且要注意选用科学性、艺术性、趣味性和思想性强的故事。

3. 以设疑问难激发学生的好奇心为主

以设疑问难激发学生的好奇心为主的导入方法，主要有悬念导入法和问题导入法两种。这是以认知冲突的方式设疑，以强烈的感情色彩构成悬念的导入方法。产生认知冲突的方法有：惊奇——违背已有观念的现象；疑惑——相信与怀疑之间的矛盾；迷惑——一些似是而非的选择。在采用这类方法导入时，设疑、悬念设置要适度，要符合学生心理和认知水平，这样才能促使学生开动脑筋探索求知，激发其学习兴趣。

（四）导入技能的要求

中职语文课程导入方式多种多样，不同的方式有不同的特点，也有不同的适应性和具体要求，但是不论采用怎样的导入方式，都应该注意遵循一些共同的基本要求，这些要求集中地体现在以下方面：

1. 有针对性

导入是为中职语文课堂教学的展开服务的，教师在设计导入时，一定要紧扣教学内容，所设计的导入方法要具体、简洁，尽可能用简洁而明晰的语言说明课堂教学要学习的内容和要求，一开始就把学生的思维（路）带入一个新的知识情境，让学生对要学习的内容产生认知上的需要和欲望。

2. 有启发性

导入要能激活学生的原有认知结构，要对学生学习新知识具有启发性，以便使学生实现知识的迁移。中职语文教师要通过浅显而明确的事例使学生得到启发，用富有启发性的语言引导学生去发现问题，激发学生解决问题的强烈愿望，调动学生思维活动的积极性、主动性，促使他们更好地学习和理解教学内容。

3. 有趣味性

中职语文教师要精心设计导入的形式和方法，做到引人入胜，用鲜活、直观、具体的形式来呈现教材内容，使教材内容以鲜活的面貌出现在学生面前。这样才能最大限度地引起学生的兴趣，激发他们学习的积极性，使学生在愉快的状态下投入学习。

4. 有艺术性

要想在新课伊始就拨动学生的心弦，激发学生的思维，就需要教师讲究导入的语言艺术。考虑语言艺术的前提是语言的准确性、科学性、思想性和可接受性，不能单纯地为生动而生动。所以设计导入时要根据导入方法的不同，考虑采用不同的语言艺术。

如果导入是为创设情境，中职语文教师的语言应该是富有感染力的。教师语言既要清晰流畅、条理清楚，又要娓娓动听、形象感人，使每句话都充满激情和力量。这样的教学语言最能拨动学生的心弦，使他们产生情感共鸣，从而激起其强烈的求知欲和进取心。

如果导入选用直观演示、动手操作或借助实物标本等方法，教师的语言应该是通俗易懂、富有启发性的。无论是对实物演示的说明，还是对学生操作的指导或借助实物的讲解，教师都应该选用恰当的词句，准确简洁地表达出教材内容。运用这样的语言能启发学生思维，吸引他们的注意力，调动学习的积极性，使学生从中发现规律，更好地探求新知识。

如果导入选用审题或联系旧知识的方法，教师的语言应该清楚明白、准确严密、逻辑性强。特别是在讲授一些重要的容易混淆的概念时，语言的准确性是十分重要的。严密、准确的语言有助于学生"由此及彼""由表及里"地去推想，便于学生正确地掌握教学内容，提高课堂效果。

如果导入采用巧设悬念的方法，教师的语言应该富有启发性，发人深省。这样的语言能活跃学生的思维、调动学生的求知欲。

总而言之，无论采用哪种导入方法，教师的教学语言都要求确切、精练，有画龙点睛之妙，都应该朴实、通俗易懂、实事求是。除此之外，教学语言还要生动活泼、饶有趣味，给人以幽默感。

5. 有效益性

导入新课的效益性，一是指这种导入应简练、省时，能在较短的时间内起到导入新课的作用，而不是冗长繁复，淡化了重难点内容；二是指这种导入应朴实有效，能真正起到联结知识的作用，而不应追求空洞和形式，为导入而导入。

三、中职语文教学的教学设计技能

教师要做好教学工作，必须对中职语文教学进行设计，所以，教学设计技能是每位教师胜任这一职业的重要技能。对教学活动进行设计早已有之，只是设计的观点不同、方法各异。

（一）教学过程的设计

1. 教学过程及其特性分析

教学过程的本质就是在教师引导下的认识过程和促进发展的过程。中职语文教学过程作为一个系统，包含了许多要素，如教师、学生、教学管理人员；教材、设备、媒体；教学目标、教学内容、教学方法、教学手段、教学测量、教学评价；等等。其中，教师是教学活动的基本要素，是教学活动的主体；学生既是教学活动的对象，又是教学活动的主体。

教学过程的基本矛盾是，在教学的进行中所提出的认识任务和其他任务与学生现有水平之间的矛盾。这个矛盾在整个教学过程中占有基础地位，是教学过程中其他矛盾存在的基础。教师在进行教学时必须注意这一矛盾，也必须解决这一矛盾。这就要求教师提出的认识任务或其他任务符合学生的认知水平，能够满足学生发展的需要，学生在进行一定思考和探究之后能够完成这一任务。如果这个矛盾不能很好地得到解决，将影响教学活动的顺利进行，甚至影响学生的发展。

学生是教学过程的认知主体。学生的认知是由不知到知、由知之较少到知之较多、由知之较浅到知之较深的过程，它是从感知到理解，再从理解到运用的过程。同时学生掌握知识的过程也不是简单的、直线前进的，而是复杂的、螺旋式上升的。虽然教学过程属于认识过程，但它又具有自己独特的特点。

（1）认识对象的间接性和系统性。在教学活动中，学生的认识对象是教材。教材是前人总结概括出来的教育心理学后出现的系统性知识，属于间接知识。学生在学校学习主要是通过间接知识去认知世界，改变自己的主观世界，但是学生在校学习并不意味着脱离实践，这需要教师的重视，为学生获得直接经验创设条件。

（2）认识的受动性和主动性。学生学习前人经验的过程是在教师的指导下实现的。学生在心理和生理上不够成熟，不能对知识进行有效分析并加以吸收，所以教师在教学活动中以主导者的身份出现。所以学生学习的过程具有被动性。但是，如果想完成教学任务，实现教学目标，离不开学生的独立思考和主动学习。教师不能变指导为灌输，必须把自己的主导地位与学生的主体地位有机地统一起来，才能很好地完成教学目标，实现学生的全面发展。

（3）认识的教育性。学生通过学习改变自己对世界的认识，提高自己发现问题和解决问题的能力，以及自己的情感道德水平。所以学生学习具有一定的教育性。

2.教学过程设计基本原则

（1）发挥教师主导、学生主体和媒体优化作用。教师的主导作用应体现为引导、促进学生自行获取知识和培养能力，而不是灌输知识；学生的主体作用应体现在能充分发挥自身的学习积极性，让他们有更多的参与机会，真正做到动脑、动口、动手，使他们不仅学会，更重要的是会学，从被动接受知识转变为主动进行知识建构；各种媒体应各施所长、相辅相成，形成优化的媒体组合系统。

（2）遵循学生的认知规律和学习心理。学生的认知规律和特点，取决于他们的年龄。年龄越小，知识、经验越少，感知能力越差，依赖性比较强，无意占主导地位，以具体形象思维为主。随着年龄不断增大，知识、经验增加了，感知能力提高了，能通过一定的意志努力，集中注意力参与学习活动，其思维也由具体形象思维逐步过渡到抽象思维。在设计教学过程中，必须遵循这些认知规律，符合学生特有的认知要求，才能获得满意的效果。

（3）体现一定的教学方法。教学方法是教师和学生为共同实现教学目标而采取的方式。它包括教师的行为和学生的行为，两者相辅相成，具体而言，应依据学生特点和学习内容、教学目标、学生的特点及选用媒体的特点选择教学方法。

3.教学过程的功能和阶段

（1）教学过程的功能。所谓教学过程的功能，是指参照教学目标并在教学过程中能收到的实际效果。教学过程的基本功能主要体现在教学、发展与教育三个方面。

第一，教学功能：将人类长期积累起来的丰富知识传递给下一代，培养学生独立获取知识的能力，形成他们智力活动与实践活动的技能和熟练技巧，并内化为学生个人的经验和智慧。

第二，发展功能：中职语文教学过程中注意发展学生的语言和思维，发展他们的观察能力、空间观念及审美感，并使他们获得情感、意志方面的修养，还要发展学生的运动机能和操作能力，即发展学生的智力、能力以及情感、身体机能等各个方面。

第三，教育功能：学生在中职语文教学过程中不仅掌握知识、发展能力，而且会形成和改变思想品德和价值观念。教学永远具有教育性，这是教学的一条基本规律。

（2）教学过程的基本阶段。

第一，准备阶段。在进行中职语文教学设计时，先要确定教学目标，即我们期望学生通过学习应达到怎样的结果；然后要分析学生特征，用来确定教学起点并因材施教；接下来要进行教学策略和教学方法的设计，包括媒体的选择等。另外，教学设计工作还会延续到教学过程的结束，因为它是一个动态的设计过程，需要利用教学实施阶段的反馈信息来调整和优化教学设计，以达到教学过程的最优化。

第二，实施阶段。教学实施阶段是准备阶段的延续，也是对准备阶段各项活动的检验。在实施阶段，主要是组织一系列教学策略，使准备阶段的设计工作得以贯彻和实施，其中重要的一个环节是唤起学生学习的积极性，保证其学习主体作用得到充分发挥。在实施中职语文教学阶段时，教师要控制好课堂的节奏和气氛，处理好课堂中的突发问题，使预设和生成有机联系起来。

第三，评价阶段。在教学实施阶段的最后，通过语言或语言的一系列操作活动实现教学反馈，以评价教学目标和教学策略的有效性和确切性。对教师而言，这一环节就是要对学生的成就进行分析，分析学生在各个方面的进步，了解学生的智力发展水平，并根据情况主动地调节教学活动的进程。对于学生而言，评价阶段就要对自己的学习情况进行自我检查，及时纠正错误、查明尚未解决的问题，以便更好地掌握知识和提高能力。

（二）教学策略的设计

教学目标设计明确了"教什么""学什么"和"教到什么程度""学到什么程度"，并且解决"如何教""如何学"的问题，就涉及了教学设计的策略问题。中职语文教学策略是教师为实现特定的教学目标而采取的方式，它不仅包括教师为达到教学目标而采用的方法，还包括教师解决问题情境的行为、教师对班级的管理行为等。

1. 教学策略特性分析

（1）教学策略的目的性。教学活动是围绕着实现教学目标展开的。需要对其做出预设。教学策略指向具体的教学目标，是为实现特定的教学目标而采取的有针对性的措施，因此也具有一定的目的性。教学策略的目的性是指教学策略对于实现教学目标的适合与有效程度。

（2）教学策略的灵活性。不同的教学目标应采取不同的教学策略，不存在对所有情况都适用的教学策略。随着教学内容、学生基础、教学条件等因素的变化，采取的教学策略也随之变化。中职语文教学策略的适用程度取决于其反映教学过程规律的程度，取决于它遵循正确的教学原则要求的程度。在实施过程中，教学的多变因素需要教学策略的不断调节来适应其变化，以求能更好地达到教学目标。

（3）教学策略的多样性。为了满足教学的需要，教师应该设计多种多样的教学策略，以完成不同教学目标的教学。同时每个教师都应该在学习、借鉴、加工、吸收他人经验的基础上，结合所处环境和自己的特点，发展、创造出带有鲜明个性化色彩的教学策略。

（4）教学策略的创造性。由于具体的教学情境是复杂的，计划实施过程中行动的变化和方法的灵活选择是必然的，因此，教学策略具有直觉创造、灵活实施的特点。因此，中职语文教学策略是教师智慧和教学艺术的充分体现。

2. 教学策略设计要点

（1）设计教学策略的依据。

第一，从教学目标出发。教学策略是完成特定教学目标的方式，因此有什么样的教学目标，就应当选择能实现中职语文教学目标的教学策略。

第二，学习理论和教学理论必不可少。教学策略是保证教学成功，促进学习发生的方法。要保证方法的科学性，就必须有科学的理论做指导。从自己的主观出发是不可取的。

第三，要符合教学内容。内容决定方式，不同的教学内容要选择不同的教学策略。

第四，要符合学生的特点。不同的学生具有不同的学习方式和不同的学习风格，我们要根据学生的特点采用不同风格的教学策略。

第五，要考虑教师本身的条件。中职语文教师的教学水平、教学经验、教学能力、习惯特长都不相同，因此教师要根据自身特点来选择教学策略，以利于充分发挥自己的特长和能力。

（2）设计教学策略的原则。

第一，以问题为中心。以问题为中心就是要让学生带着问题走进教材，让学生提出问题走出教材。让学生带着问题走进教材是指创设有趣有效的问题情境，引导学生深入地读书、深入地理解课文。在中职语文教学中，教师不仅要帮助学生带着问题走进教材，而且要引导学生提出问题走出教材。提出问题通常表现在两个方面：一是质疑问题；二是发展问题。质疑问题是就学习中的某一问题提出与众不同的想法，属商榷型、完善型的学习活动；发展问题是依据自己对某一问题、现象或材料的观察、分析、综合、类比、推广、概括或抽象，从而提出有价值的尚需进一步思考与研究的问题，属创造型的学习研究活动。

第二，关注学习方式设计。所谓学习方式，是指人们在学习时所具有或偏爱的方式，是学习者在研究解决其学习任务时所表现出来的个人方式，是学习者一贯表现出来的学习策略和学习倾向的总和。要建立和形成能充分发挥学生主体性的、多样化的学习方式，促进学生在教师指导下主动地、个性化地学习。教师将随着学生学习方式的转变而重建自己的教学方式。转变学习方式就是要转变学生被动接受性学习的状况，使学生的主体性、能动性和独立性不断生成、发展；就是要转变学生的学习态度，变"要我学"为"我要学"，养成良好的学习习惯，培养学生对学习的责任和终身学习的能力；就是要改变学生的学习状态，由接受性学习转变为发现性学习，让学生参与学习过程，调动起学生学习的热情，培养学生学习的兴趣就是培养学生的创新精神和实践能力。因此，设计中职语文教学策略要关注学习方式的设计。

第三，从学生体验出发。课程不只是"文本课程"，更是体验课程，从学生的体验出发是新课程教学的重要原则。教学活动的重心在于"学习",而非传统意义的"接受",学生不再是纯粹的教育客体,而是教育的主体、学习的主人。任何知识经验的获得和应用都和一定的情境有密切的关系。因此,要特别注意学校情境下的学习要达到特定学习目标和特定的内容,重点研究真实学习活动中的情境化内容,其中心问题就是以学习者为中心,创设情境,在这个情境中学生遇到的问题和进行的实践与今后校外所遇到的问题是一致的。让学生置身其中,经历之、感受之、考察之,最终认识之、掌握之。一定情境下的行动看似仅获得直接的知识经验,但因为它同时伴随着需要的满足、心理的平衡、悟性的获得等种种内在的精神活动,因此可以说是整个身心过程的全面激活。

3. 教学策略常见类型

教学实践活动中常见的教学策略类型如下:

(1)主动参与教学策略。主动参与教学策略是学生在教师的激励、引导下,积极主动地置身于教学活动中,进而掌握知识、发展能力的教学策略。教学活动是教师的教与学生的学相统一的活动。学生的参与是构成教学活动的必要条件,而且学生参与教学是全面性参与,包括教学的全过程,而不仅是其中的某个环节。学生的主动参与离不开教师的引导,教师通过多种方法激发学生参与教学欲望的过程就是打破原本存在于学生头脑中的、与教学相关的认知结构的平衡状态,产生同化、顺应新知识的心理倾向的过程。

(2)探究教学策略。探究教学策略是关于学生在教师的引导下,通过对事物现象的探索研究,获得该事物的本质及事物间规律性联系的知识,发展智力能力,特别是抽象逻辑思维的教学策略。探究的主体是学生,但是学生的探究活动必须在教师的引导下进行。学生探究的对象主要是人类已知领域中的知识,探究活动的主要价值在于促进学生发展,培养科学认识事物的兴趣,获得独立探究知识和解决问题的方法、能力以及对问题进行抽象逻辑思维的能力。

(3)合作学习策略。合作学习策略是以学习小组为教学活动的基本单位,通过小组内成员的分工协作去达成小组共同目标,并以小组活动的整体效果为教学评价的主要指标的教学策略。以学习小组为教学活动的基本单位，提高了单位教学时间内学生参与教学活动的概率。建立学习小组的关键是"组间同质、组内异质"。共同努力目标是学习小组的关键因素，它具有凝聚、定向、规范的功能。

（4）"师生互动"教学策略。教学是师生交往互动的过程。师生交往的教育境界是师生互动的发生。互动教学是通过师生对课堂各个要素的调控，在相互认识、理解的基础上，相互协作、共同影响与提高的教学形式。其本质特征是民主互动，其实现途径是对话。要有效地运用这一策略，首要的是更新观念，也就是要深刻认识教学过程是师生互动交往的过程，是师生共同探求新知、教学相长的过程，是师生追寻主体、追寻个性、追寻生命共同成长的过程，是师生体验课程、对课程进行创新和开发的过程。

（三）教学评价的设计

教学评价是指根据教学目标，对学习者在教学活动中所发生的变化进行观察与测量，收集有关资料并做出价值判断的过程。

1. 教学评价设计的功能

教学评价除固有的甄别、选拔功能以外，更重要的是具有以下功能：

（1）检查诊断功能。经常性的检查可以发现"教"和"学"过程中存在的问题，了解教师教学工作的进展与不足，查明学生的学习准备和进步的程度，分析导致学生学习有效或无效的因素，从而明确今后努力的方向，确定教和学的重点并考虑改进措施。诊断不仅是对"教"的诊断，也是对学生"学"的诊断。对教师"教"的诊断有助于教学质量的提高，对学生"学"的诊断更是直接地作用于学生的学习，对提高学生的学习质量具有重要意义。

（2）反馈调节功能。在评价结果的解释与运用中，要将评价以科学的、恰当的、建设性意见的方式反馈给被评价者，促使其最大限度地接受，从而建立对自身更为客观、全面的认识，促进其进一步发展；在评价实施的过程中，倡导评价者和被评价者在相互平等、尊重和互惠的基础上，通过协商、讨论、辩论等不同的沟通方式自主地调控评价活动本身。

（3）展示激励功能。评价的根本目的在于促进发展。要更多地把教学评价活动和过程当作为被评价者提供了一个自我展示的平台和机会，鼓励被评价者展示自己的努力和成绩。同时，所采取的恰当的、积极的、具有建设性的评比和反馈方式，在很多时候也将成为一种积极有效的激励手段。通过评价，教师和学生可以从中获得很多有用的信息，从而提高其工作积极性和学习积极性。

（4）反思总结功能。新课程的教学评价非常注重个体的参与。参与评价会对被评价者产生不同程度的压力，有助于促成其内在动机，成为自觉的内省与反思的开始，促使其认真总结前期行为，并思考下一步计划，在不断的反思与总结中获得不断发展。

（5）记录成长功能。新课程的教学评价倡导多元化的评价内容，以及灵活使用不同的评价方法和手段，尤其重视质量评价方法，这对于以发展的眼光来客观评价个体的发展具有深远意义，同时也具体体现了评价注重过程这一核心特点。

（6）积极导向功能。课堂教学评价目标的制定，一般都体现方向性和客观性，通过评价目标、指标体系的指引，为教学指明方向，即指明教师教和学生学的目标以及应达到程度的方向。这样，通过评价过程的不断反馈和调节，可以使教师随时了解学生达到目标的程度，及时发现教学中存在的问题，使教师的教不断改进，学生的学不断强化和提高。因此，教学评价对课堂教学起着导向和指挥作用。

2.教学评价设计的分类

按照不同的标准，可以将教学评价划分为不同的种类，而不同种类的教学评价有其不同的功能要求。

（1）按照评价的功能划分。以评价的功能为标准，可以将教学评价划分为诊断性评价、形成性评价和终结性评价。

第一，诊断性评价。所谓诊断性评价就是指在一项教学计划或方案开始之前进行的测定性或预测性评价，也可以理解为对教学对象的基础和现状做出的评定。在这个意义上，诊断性评价是在方案或计划开始之前进行的，故又称为"事先的评价"。当然，这种"事先"也不是绝对的，在一定的情况和需要下，诊断性评价也会在教学的过程中运用。而在这个意义上，所谓的诊断性评价更多是指为了解教学活动存在的主要问题，或使教育活动的形式、内容、过程等更适合活动对象的自身条件及需要而进行的评价。

第二，形成性评价。所谓形成性评价是指在教学活动过程中，为了不断了解活动进行的状况，及时对活动进行调整和提高活动质量而进行的评价。形成性评价关注的是学生在学习过程中达到教学目标的程度，以及在教学计划或方案实施过程中出现的问题和相关的情况，以获取不断改进计划或方案的依据，从而不断地改进教学计划或方案，促进学生的学习和发展。

第三，终结性评价。终结性评价是对一个完整的教学过程的总体结果进行的评价。通常在一门课程或一项教学活动结束之后进行，故也称为"事后的评价"。其主要的目的是以预先设定的教学目标为基准，对教学计划或方案的达到程度以及教学实施的过程和结果等进行评价。其主要作用是为学生评定成绩，确定学生的教学目标达到规定程度，对其学习或成绩做出价值判断；为学生安置提供依据，预测学生在后续学习中成功的可能性。

（2）按评价的参照标准划分。

第一，相对评价。相对评价就是在评价对象的群体或集合中建立基准，然后把各个对象逐一与基准进行比较，进而判断群体中每一成员的相对优劣。一般来讲，相对评价是将每个成员获得的成就与这个成员集合的平均状况进行比较，从而确定每个成员在整体中的相对位置。相对评价法的特点是评价标准只适用于所选定的评价对象的集合。其优点是：适应性强，应用面广，无论评价对象的整体情况如何，都可进行比较；评价标准在评价对象整体内部确定，比较贴合实际，便于调动大家的积极性。其缺点是容易降低评价标准，或者造成几个评价对象间的不平衡现象。

第二，绝对评价。绝对评价是一种在评价对象群体之外，预定一个客观的或者理想的标准，并运用这个固定的标准去评价每个对象的教学评价类型。其特点是标准不受评价对象群体状况的影响，评价结果只与对象自身的水平有关，而与其所在的群体无关。

绝对评价是一种在教学实践中得到广泛应用的教学评价方法。例如，我国高中实行的会考就属于绝对评价。会考以国家颁布的学科课程标准为评价标准，不因学校教学水平的高低而变化，是相对固定的。会考成绩反映学生达到学科课程标准要求的程度。

绝对评价具有标准比较客观的特点，特别适用于以鉴定资格和水平为宗旨的教学评价活动。只要评价过程是科学合理的，那么绝对评价的结果就可以在很大程度上表现出评价对象掌握客观标准要求的水平。在实际工作中，确保评价标准的稳定性、客观性和准确性，是提高绝对评价科学性的关键。

第三，个体内差异评价。个体内差异评价是一种把每个评价对象个体的过去与现在进行比较，或者把个人的有关侧面进行比较，从而得到评价结论的教学评价类型。它以评价对象个体的自身状况作为参照系。有两种方法：一是把评价对象的过去与现在进行比较。例如，某学生期中考试的语文成绩为75分，期末为85分（假定两次考试的难度相当），通过比较，可断定该生的语文有进步。二是把评价对象的某几个方面进行比较，考察其长处与不足。例如，可从计算能力、图形感知能力、逻辑推理能力和解决数学问题的能力等各个侧面来评价某学生的数学水平，找出其数学能力中的强项和弱项。

个体内差异评价主要是根据尊重个性、发展个性的观点提出来的，是以评价对象自身状况为基准，就其自身的发展情况进行纵向或横向比较而做出价值判断的过程。这种评价方法比较充分地照顾了学生的个别差异，有利于减轻学生的心理负担和压力，增强自信心，增强学习动力。

（3）按评价的主体划分。

第一，自我评价。简单地讲，自我评价就是自己对自己的评价。在教学活动中，自我评价是一种经常用到的评价方法，如一个教师在完成一个教学计划后所做的教学活动总结就可以视为对自己教学活动的一个自我评价。

自我评价的优点在于易于进行，没有时间上的限制。自我评价的缺点在于缺少外界参照系，无法进行横向比较，容易出现对成绩或问题估计得偏高或偏低的倾向，评价的客观性较差，这是教学评价中运用自我评价必须关注的问题。

第二，他人评价。他人评价指的是被评价者自身之外的他人对被评价者进行的评价。学校领导、教研人员、同行、学生家长等对教师教学的评价都是他人评价。这种方法的优点是比较客观，要求也比较严格，可靠性与准确性强；其存在的问题是评价的组织工作比较复杂，比较费时、费力。而且，从一般的意义上讲，他人评价都带有一定的个人主义色彩，不一定很客观、很科学。

（4）按照评价的层次划分。

第一，分析评价。分析评价是指将评价的内容分解成几个项目分别进行的评价。例如，对教师的课堂教学进行评价，可以先对教师的备课、上课、课后辅导等方面进行评价，然后再做总的评价。这种方法的优点是评价项目分解清楚，易于开展科学的评价；缺点是评价的内容覆盖面窄。

第二，综合评价。综合评价是对评价内容的整体进行评价。对学校教学情况、某一学科的整个教学情况进行全面评价等，都是综合评价。使用综合评价法要求评价者有较丰富的经验。这种方法的特点是评价的内容覆盖面广，揭示的内容全面，容易对评价对象做整体把握。

分析评价与综合评价并不矛盾。在实践方面，往往是先进行分析评价，然后进行综合评价，因为在人们对认识事物的过程中，分析与综合是统一的。

（5）按照评价的方法划分。

第一，定性评价。定性评价是指采用开放的形式获取评价信息，运用定性描述的方法得出结论的评价。例如，等级法、评定法都是经常使用的定性评价法。

第二，定量评价。定量评价是采用定量计算的方法，搜集数据资料，然后用数学的方法得出定量结论的评估。常用的定量评价法有百分数法、分数法、指数法、累积分数法、统计分数法、综合评判法等。

（6）按照评价的内容划分。

第一，对人的评价。对于教学评价而言，人既是评价的主体，也是评价的对象。教学评价中的人主要包括教师、学生和教学管理者。教学评价首先就是对人的评价，其关键之处也在于对人的评价。教学评价的最终目的就在于促进人的发展，特别是学生的发展。而由于人的特殊性和不确定性，对人的评价会有一定的难度。教学评价对人的评价一定要慎重，对评价结果的分析和处理尤其要慎重。

第二，对事的评价。教学评价中对事的评价主要是指对涉及教学事件的评价。一般而言，教学事件就是在教学过程中发生的对教学产生影响的事情。

第三，对物的评价。教学中的物主要是指教学中的条件和设施，如教学的环境、教材等。由于教学的设施和条件也是影响教学的重要因素之一，所以对其进行一定的评价也是有其重要性和必要性的。

第四，对评价的评价。所谓对评价的评价，对教学评价而言，就是对教学评价本身的再评价，包括对教学评价的标准、实施过程、评价结果的评价。由于教学评价是一种价值判断的过程，会受到众多因素的影响，为保证教学评价的客观性、公正性和有效性，必须对教学评价本身进行一次再评价。

3. 教学评价设计的原则

（1）注重教师评价者认为，教学评价应坚持以下原则：

第一，方向性原则。方向性原则是指对于教师的评价一定要有利于学校实现教育目标，有利于端正办学方向，有利于树立正确的教育质量观、人才观。如果方向不明确，教师评价就会走上歧途，同时会对学校贯彻教育方针带来消极影响。

第二，客观性原则。客观性原则是在教师评价时，必须采取客观的、实事求是的态度，从客观实际出发，获取真实信息，对抓住本质的东西进行分析。鉴于教师的劳动特殊性在评价教师时均应给予充分考虑，这样才能使评价更符合客观实际。

第三，全面性原则。全面性原则是指在确定和运用评价标准时要全面。贯彻全面性原则，一方面要抓住评价标准的全面性，另一方面还要抓住评价过程，广泛而全面地收集评价信息。在对教师评价时，要进行多指标、多方位、多层次的分析和判断，力求真实准确地反映教师工作的全貌。

第四，主体性原则。主体性原则是指明确被评价者在评价中的地位和作用。在对教师的评价中，教师既是评价的客体，又是评价的主体。因此，要尊重教师在评价中的主体地位，充分调动每个教师的主动性、积极性和自觉性。

第五，可行性原则。可行性原则是指评价的指标、标准可行，评价的方法及运用的技术手段可行，工作安排可行。指标和标准要切实从实际出发，防止要求过高或过低。方法和技术手段既要注意科学性，又要注重简便易行。工作安排要求与学校的日常工作相结合，不要增加很多额外负担。

第六，定性与定量相结合的原则。定性与定量相结合的原则是由教师工作的复杂性所决定的，切不可片面认为只有定量评价才是科学的，在实际工作中也应防止这种倾向。

（2）注重学生评价者认为，在教学评价中应坚持以下原则：

第一，活动性原则。能力是在主体活动的过程中产生、形成和发展的，也是在主体的活动中表现出来的。因此，评价课堂教学要把学生是否积极主动地动手、动口、动脑，是否人人积极参与探索、实践、交流等学习作为重要内容进行评价。

第二，情感性原则。情感是学习活动的"催化剂"，它与认知能力的发展互为前提、互相促进，是不可分割的两个方面，一方面，认知活动可以促进情感的分化，以提高情感交往能力，升华人的情感境界。另一方面，情感因素又可成为学习活动的动力系统。积极的情感体验还可以直接、间接地转化为人的动机和意识，提高人的学习效率。因此，加强教师与学生、学生与学生之间的情感交流，使教学情感化，也是评价课堂教学的一条重要原则。

第三，开放性原则。它要求课堂教学做到：一是教学中必须激发学生的学习活力，不断激起学生理解、领悟、体验、探索、发现以及想象和表现的愿望，让学生的思维、心态处于开放状态；二是创设有利于学生发展的开放式教学情境，通过教学时空的拓展变换，教学评价方法的多元化，师生之间和生生之间的多向交流，为学生提供一种开放的学习空间，激发学生的学习活动；三是不拘泥于教材、教案，而要充分考虑学生学习活动过程的多样性和多变性，根据学生的反馈信息，不断调整教学过程，促进学生健康、和谐地发展。

第四，创新性原则。培养学生的创新精神和实践能力是课堂教学的一项重要任务。课堂是培养学生创新精神的主渠道，但不是所有的课堂教学都能培养学生的创新精神,课堂既可以是培育创新精神的摇篮,也可能是窒息创新的坟墓。以教师为中心、教材为中心、应考为中心的课堂永远不会培养出真正的创新型人才,课堂教学评价要突出对培养学生创新意识、创新精神和创新力的评价。通过评价激励教师和学生的主观能动性、创造性,特别是激励学生能大胆质疑、大胆猜想、大胆探索、敢于超越常规,学会从不同角度寻找解决问题的多种方法,培养学生思维的深刻性、独立性、灵活性、批判性和敏捷性。

第五,多元性原则。注重学生综合素质的考察,不仅关注学生学业成绩,而且关注学生的创新精神和实践能力的发展;尊重个体差异,注重对个体发展独特性的认可,激发学生多方面的潜能。

4. 教学评价设计的方法

常用的教学评价方法有以下几种。

(1)专家评价。专家评价是指学校教学领导班子或教学专家的集体评价,这是学校教学领导为了解教师课堂教学能力所进行的评价。这种评价影响较大,有一定的权威性。

(2)同行评价。由教研室(组)或其他教师对该教师的课堂教学进行评价。由于教师之间相互比较了解,对本学科的教学目标、内容、方法以及对师生的背景情况较为熟悉,因此有利于教师间的相互学习、相互交流,以提高教师的整体水平。

(3)学生评价。学生是教师教学的最直接感受者,他们应该是最有发言权的。通过学生对教师教学的评价,可以反映教师在学生中的威信、受欢迎程度以及师生关系,尤其可以反映出教师的教学方法、教学艺术是否符合学生的要求。但是由于学生主要是从个人的学习角度评价教学,缺乏对教学目标或意图、内容和方法的总体了解,他们的学习方法、学习成绩,甚至师生关系都可能使他们在评价教师的课堂表现中产生一定的误差。因此,学生评价不宜采用抽样评价,而要让全班的学生参与评价。

(4)教师自我评价。教学目标完成得怎样,课上得是否生动,自己的付出和学生的收获如何,任课教师最清楚,因此可以根据学生课上、课后的反馈进行自我评价。自我评价一般采用自我分析和自我反思的方法。

第二节 中职语文课堂教学的技能

一、中职语文课堂教学的提问技能

提问,就是在中职语文课堂上为了调动学生积极思维,教师依据教学内容将自己在课前精心设计的问题向学生提出来,是引导和促进学生自觉学习的一种教学手段,是引导学生学习新知或巩固旧知的一种教学方法。准确地理解提问的概念,对掌握提问技能是非常必要的。课堂教学中,教师对学生的提问是教学的"常规方式"。这种教师问学生回答的方式,构成了教与学的信息交流反馈过程。因此,提问对中职语文的教与学都起着积极的促进作用。

(一)提问技能的主要作用

1. 提问对教师教学的作用

(1)传递信息。每一节课都有教学的重点、难点,教师提出的问题往往都选在这些知识点上。通过提问,将这些知识传递给学生,并通过教师的教学行为实现突破和难点强调。

(2)获得反馈信息。教师提出问题,寻找不同层次的学生回答,从学生的表情和心态上观察他们对知识的掌握情况;从学生回答问题的方式、内容上,了解他们的理解程度和巩固情况,了解他们的思维水平、语言表达能力及技能的掌握情况等。通过反馈信息的掌握,教师可以随时针对学生的学习情况,调整自己的教学策略。

(3)管理课堂。教师通过课堂提问,可以集中学生的注意力,终止学生的私语,使学生的注意力转向教学内容。

2. 提问对学生学习的作用

(1)激发求知欲,引起学习动机。提问可以把学生带入"问题情境",从而激发学生求知欲。求知欲强烈的学生往往能积极主动地探索知识。提问是引起学生学习活动的最好刺激信息,它不仅是课堂的一种智力调动行为,而且是启动非智力因素的一个重要手段。

(2)促进学生积极思考,引导学生学习。提问能诱发学生思考,具有培养学生思维能力和习惯的作用;提问能促使学生定向思考,具有促使学生注意教材的重点、难点的作用;提问能引导学生发现问题、分析问题,具有完善学生智力结构的作用;提问能促进学生的记忆功能,能诊断学生学习的特殊困难,具有强化知识结构的作用。

(3)培养学生的表达能力,为学生提供参与机会。对教师提出的问题,学生需要组织自己的语言来回答,因此能让学生得到充分的口语训练,具有培养学生语言表达能力的作用。提问可以使学生表达观点、流露感情、提出疑问、锻炼胆量,可以促进人际活动,加强交流与合作。

(4)培养学生的探究能力和创新能力。让学生提出问题是现代探究性学习的一种基本方法。经常在课堂上引导学生质疑问难,让学生从已知推及未知,对培养学生的创新意识和创新能力有积极意义。

综上所述,提问能交流师生的思想感情,及时交流反馈信息,具有因材施教、有的放矢进行教学的作用;提问能活跃课堂教学气氛,具有提高教学效率、加快教学进程的作用。

(二)提问技能的运用要点

提问要有科学的策略性。提问不应是心血来潮、任意妄为,"捞到篮子就装菜",而应根据教学的重点、学生的难点来提问。提问不是满篇问,而是对学生所"不易领会"的地方发问。但是要达到这一目标,则需要经过一定的训练和反复的实践。

第一,要注意设置问题情境,引发学生思考。所谓设置问题情境,就是从学生熟悉的或感兴趣的社会现象、自然现象和日常生活现象中揭示一些矛盾让学生分析解决,以满足学生的认知需要,使他们产生强烈的求知欲。在设置问题情境时,要遵循以下原则:①目的性原则。提问的目的是:引出新课;前后联系;突出重难点;引起学生兴趣;引起学生争论;促进学生思维;

总结归纳；等等。②启发性原则。能唤起学生经历、经验产生趣味性；能触动学生思维的神经；能让学生产生想象、联想，能诱发学生的思考；等等。

第二，问题要具有适当的难度，落在学生智力的"最近发展区"。提问要从学生的认识实际与知识水平出发，所提问的深浅、繁简、大小要适合学生的水平，适当难度的问题，不是稍动脑筋就能解答的问题，而是在教师和同学的帮助下通过独立钻研和积极思考才能解决的问题，而且这些问题一般都与理解教材的重难点有关。著名心理学维果茨基把学生智力发展水平分成"现在发展水平"和"最近发展水平"。"现在发展水平"表现为学生现在就能够独立解决智力任务。而"最近发展水平"是尚处于形成状态、正在成熟中的机能，它表现为学生还不能独立地解决智力任务，但在教师的帮助下，在集体的活动中，通过模仿却能够完成某些智力任务。所以，教学是依靠那些正在成熟的机能，这才能推动学生智力的发展。在课堂上，教师要多设计具有适当难度的推理性问题、批判性问题和创造性问题，促使学生智力从"最近发展水平"转化为"现有发展水平"。要做到难易适度，尽量接近学生的"最近发展区"。

第三，要注意改变提问角度，课堂提问形式要新颖灵活。在一定的情况下，课后练习或教辅中提出的问题，教师应该引领学生从不同角度来提出问题，这不仅能使学生明白同一问题可以采用不同的方式发问，而且能使问题变得更新颖、更发人深思。改变提问角度要注意：①紧紧围绕"主问题"，切忌天马行空；②应多曲问少直问，应多套问少单问，应多逆问少顺问，应多对问少独问，应多反问少正问等。

第四，要充分利用学生提出的各种问题，倡导学生驳问。学生的思维是十分活跃的，他们在预习课文时和语文课堂教学进程中会提出各种教师想不到的问题。这些问题是以他们现有的知识经验作为起点的，极容易引起班上同学的共鸣和争论。这些问题中有不少直接关系如何理解课文的重点与难点，是教师所设计问题的重要补充。及时地肯定学生所提出的有意义的问题，并进行讲解或展开讨论，这是科学地组织提问的一项基本功。

二、中职语文课堂教学讲授技能

教学讲授技能是指在中职语文课堂教学中，教师通过口头语言向学生系统连贯地传授文化科学知识的行为方式。课堂教学讲授技能是古今中外课堂教学活动中最基本、最传统的教学技能，即使在现代教育和教学手段高度现代化的欧美国家，都仍是课堂教学活动中应用最频繁、最普遍的教学技能。讲授技能是教学活动中涉及的基本技能之一，也是最为重要的技能之一，因为几乎所有的课堂活动都不能没有讲授活动的介入。因此，教师拥有良好的讲授技能，对于成功地进行教学意义重大。

（一）讲授技能的类型划分

中职语文教学讲授技能的类型是指根据一定的标准对教师的课堂教学讲授技能所划分的种类。由于划分的标准不同，可以将教师课堂教学讲授技能进行多种形式的划分。在教学实践中，常常根据课堂讲授的具体特点和方式将课堂教学讲授技能划分为以下类型：

1. 教学讲述技能

教学讲述技能是教师通过叙述事实材料或描绘所讲对象的特点，向学生传授知识观点的一种课堂教学讲授技能，在各科教学中均可应用，其又可分为叙述式讲述技能和描绘式讲述技能。

（1）叙述式讲述技能。叙述式讲述技能是指教师用不加任何感情色彩的语言客观地把事物在时间上的发展变化、空间上的位置延伸，以及它们之间的联系简洁明了地讲述出来的课堂教学技能。叙述式讲述技能的运用要求教师语言条理清楚，注意突出重点和关键部分，对于事物、现象发生的顺序与结构必须有明确具体的交代。另外，要注意语言的简洁明快、朴实无华，遣词造句要通俗易懂、形象生动，充分发挥言语直观的作用。

（2）描绘式讲述技能。描绘式讲述技能是对某一历史事件和历史人物的本质特征、情景场合、地理环境、外貌形象或行为事迹进行绘声绘色、生动细致讲述的课堂教学技能。描绘式讲述技能常用在语文课的讲述中，历史、地理课中也常插入使用。运用描绘式讲述技能进行教学，除要求条理清楚、用词准确外，语言还要细腻形象、生动有趣，而且，语调、语速应随内容的变化有所起伏，高低适度，舒缓得当。

2. 教学讲解技能

中职语文课堂教学讲解技能是指教师通过说明、解释、论证来分析教学内容，帮助学生理解知识的一种课堂教学讲授技能，如解释概念、规则，论证公式、定理等。在实际教学中，课堂教学讲述技能和课堂教学讲解技能经常综合利用。课堂教学讲解技能通常又可分为课堂教学解说技能、课堂教学解析技能和课堂教学解答技能。

（1）课堂教学解说技能。课堂教学解说技能是课堂上教师运用学生熟悉的丰富事例，引导学生从情境中接触概念，从感知到理解概念，或者把未知与已知联系起来，说明事物的本质属性和基本特征的教学技能，如对古文、外语、专业术语进行准确的翻译，对疑难词语给出恰当的解释，多用于文科性科目的教学。

（2）课堂教学解析技能。课堂教学解析技能是解释和分析规律、原理和法则，并常伴随严密的逻辑推导的课堂教学讲解技能，是基础知识和基本技能学习中的重要教学技能。应用该技能有两条途径，即归纳和演绎。归纳是指分析事实、经验或实验，抓住共同因素，概括本质属性，综合基本特征，用简练而又正确的词语得出结论并将其用于实践，解决典型问题，最后对相似的、易混淆的内容进行比较，指明分界点和联系点。演绎首先讲解规律、原理和法则，再举出正反实证应用。

（3）课堂教学解答技能。课堂教学解答技能是以解答问题为中心的课堂教学讲解技能。其应用一般是先从事实材料中引出问题，也可直接提出问题，接着明确解决问题的标准，再提出解决问题的办法并进行比较、择优，进而提出论据、开展论证，通过逻辑推理得出结果，最后进行总结。

3. 教学讲读技能

讲读是教师在讲述、讲解过程中，指导学生结合教学内容进行阅读的一种教学方式，其特点是讲不离文、讲读结合，特别适用于要求口头训练的课，因而在中职语文课堂教学中被普遍采用。运用讲读的语言技能，一方面教师要注意进行精讲，讲重点、讲难点、讲思路、讲方法，帮助学生深刻理解；另一方面，运用讲读技能的重点在"读"。教师首先要进行泛读。教师的范读除要具备发音准确、句读分明、速度适宜、节奏鲜明、语调恰当等基本条件外，还必须饱含深情，能真正做到以情感人、以情动人。

教师在范读时，要掌握好分寸感，做到适度、得体，切忌过分夸张、装腔作势。同时，教师要指导学生进行多种形式的阅读。从要求上看，可以将精读与泛读结合起来。一般性内容可以泛读，意在扩大视野、增加储备；重点内容则应精读，甚至能熟练地背读，意在加深理解、深化认识，真正内化为学生自己的知识结构。从方式上看，应该将朗读与默读结合起来。对于叙述性或说明性材料，以默读为主；对于情节性或富有鼓动性的材料，以朗读为主，甚至将朗读与角色扮演结合起来，让学生如身临其境，产生强烈而深刻的内心体验。此外，在阅读过程中教师还应注意适时向学生提出问题，使其带着问题阅读，以帮助理解。

4. 教学讲演技能

讲演是教师通过深入分析教材，揭示其内在联系，论证事实，得出科学结论，在向学生传授系统知识的同时，培养其正确的立场、观点、方法的讲授方式。它与讲述、讲解、讲读的不同之处在于，其涉及的内容范围更深、更广、更具前沿性，因此这种讲授技能常在中职高年级的语文教学中采用。

由于讲演所需时间较长而且集中，加之讲演形式单一，中间很少插入其他活动，因此在运用课堂讲演技能时，要求语言除具有逻辑性、科学性外，还应具有启发性，能有效调动学生学习的积极性、主动性，启发引导学生积极思维、独立思考，避免"满堂灌"，造成学生消极被动地接受知识而抑制学生的创造性，阻碍学生思维的发展。在运用讲演技能时，语言还要有趣味性。教师幽默风趣的讲授，能使学生兴趣盎然地汲取知识，而不会因为时间过长而降低学习兴趣。讲演时还应将口头言语与其他语言形式相结合，如恰当运用板书对口头讲授进行补充说明，使学生加深对学习内容的印象，从而提高讲演效果。如能合理运用现代声光电教学手段进行演示，讲演的教学效果会更加明显。

（二）讲授技能的使用原则

有效地运用讲授技能来组织中职语文课堂教学，应当注意以下要求：

1.科学性原则

（1）讲授内容的科学性。教师要以教材内容为依据，认真钻研、深刻领会知识的实质，做到讲授概念准确、论证原理充分、逻辑推理严密、列举事实真实、技能训练严格，既要使学生获得可靠的知识，又要在思想上有所提高。切不可为了生动形象等而违背科学性的要求。

（2）要有科学的态度。教师要以科学的认识论和方法论为指导，实事求是，从客观存在的实际事物出发，从中引出概念、规律、原理、法则，不信口雌黄，不主观片面，不搞绝对化，树立尊重科学、严谨治学、去伪存真、求实创新的教风和学风。

（3）要采用科学的语言。科学的语言就是要求教师上课要用周密的语言、精确的词汇来表达概念，阐述定理公式，进行分析综合、推理判断。

2.形象性原则

讲授的形象性是在感性认识的基础上产生的。生动形象、富有趣味的讲授，能够引起学生的直接兴趣，使他们听讲认真、思维活跃，对学习内容产生深刻的印象，这对于他们掌握知识和发展思维有着重要作用。在中职语文课堂教学中，教师要借助语言、表情、动作、绘画与音响等方式，对于外部和内心世界的各种现象进行描绘；借助比喻、描绘、表演等手法，使学生在感知的基础上，领会抽象的概念、定理和规律，使学生"如临其境""如见其形""如闻其声"，将抽象的概念具体化、深奥的哲理形象化、枯燥的知识趣味化。

3.启发性原则

启发式作为选择和运用教学策略的指导思想，它必须而且能够渗透到讲授教学的每个环节、每个步骤中去。所谓启发式教学，就是根据教学要求，从学生的知识基础、思想水平、学习方法、接受能力等实际出发，运用各种教学手段，把学生的学习积极性、主动性充分调动起来，引导他们积极地、创造性地思考，主动地去获得知识，真正达到发展智力、培养能力的目的。从这个意义而言，讲授教学一刻也离不开启发性。具有启发性的中职语文内容讲授需要注意以下方面：

（1）强化动机。动机即心理需求。要发挥学生学习的主动性，首先必须在讲授中渗透思想教育，特别是学习目的性教育。当然，这种教育不是空洞说教，而是要善于运用现实生活中的生动材料进行启发诱导。

（2）善于设疑。要使讲授富有启发性，主要方法是教师要善于用疑问来激发学生的思维。学起于思，思起于疑，疑是学习知识的起因，思是学习深入的源头、是沟通智慧的桥梁。因此，讲授就是要求教师在教学中有目的地设置问题，"制造"矛盾，引导学生认识上的争论，激发学生思考。

（3）编排序列。为了启发思维，按一定线索把讲授内容编排成有意义、有规律的系统，容易使学生形成整体知觉。从生理机制上讲，这属于关系反射。例如，历史课可把不同时代的历史事件按性质分类，或以时间为线索编排序列；语文课可按结构线索、情节线索、文体线索等进行设计。

（4）借助声像。借助声像主要是指在中职语文课堂教学中，充分运用现代化的教学设备，如投影、录音、录像等视听工具，达到化抽象为具体、化静为动、化远为近的目的。通过多种渠道，使学生的多种感觉、知觉协同活动，可以获得更多的新信息，增强刺激，提高感知效率。同时，让学生在欢快轻松的气氛中学习，比使他们处在苦闷紧张的环境中学习的效果要更好。

4. 简洁性原则

教师不仅要对教材的书面语言进行加工、提炼、斟酌，尽量不讲修饰语和形容词过长、过多的话，要竭力把可有可无的字、句、段删去，用最简练的语言表达最丰富的内容。教师所讲的每一句话、每一个字都要紧扣教材中心，起到应有的作用；而且要求教师的语言简洁明快、干净利落，既准确又精炼，句句连贯、层次分明，具有内在的逻辑性和高度的概括水平。

5. 通俗性原则

教师上课的目的之一是要使学生掌握知识。而要做到这一点，教师讲话就要使学生能听得懂、解得开、串得起来,要求讲授传递的信息符合学生的背景和兴趣。教师在选择例子和证据时,应做到适合学生的年龄特征,尽可能选择学生比较熟悉的事物,使学生容易把这些事物与尚未被认识而必须学习的内容联系起来。由于教师讲授的对象是学生,他们生活阅历不深、文化知识正处于基础阶段,如果教师的语言过于艰深,新名词、新概念、新术语充斥讲授,学生必然听不懂,从而影响对知识的吸收。因此,教师的语言表达应使学生听得明白,用语要有针对性,不能堆砌辞藻。

6. 和谐性原则

在中职语文课堂教学过程中,教师应意识到讲话速度、音量、音高和发音等的科学运用。讲授者应及时观察听众的反应,在掌握一个基本的速度和音量后,还应有起伏,善于用语调包括语音高低、强弱、快慢和停顿来吸引学生。恰当的语调是达到教学语言和谐性的一个重要因素。教师的语调有着十分重要的意义。在教师的许多特性中,语调占着一个重要地位。从根本而言,语调并不是教师的技能和设备中的一个重要成分。但是,一种不好听或低沉的语调,很可能阻碍教师事业的成功。

对于一些课堂教学语调,教师应予以重视:一是声音过于高昂,嗓门很大,形成持久的"高八度",学生身旁充满了震耳欲聋的音波会心烦意乱;二是声音过度低沉,嗓门很小,后排的学生侧耳倾听也很费力;三是讲话速度过快,一句连一句,使学生应接不暇,听不清楚,也没有思考和记笔记的余地;四是讲话速度过慢,一字一顿,学生会等得不耐烦,浪费时间;五是语调高低抑扬过于悬殊,起伏太大,造成课堂用语的矫揉造作,也容易使学生分心。这些都是不和谐的课堂教学语调,都会削弱课堂教学的表达效果。

(三)讲授技能的训练应用

1. 讲授技能的训练目标

讲授技能训练的目标包括:①掌握各种课堂教学讲授技能类型并能熟练运用;②能辨析出他人讲授技能的类型并且评出优劣;③能选择设计出适合教材内容、教学对象的最佳讲授类型,并能说清楚选择和设计的理由;④讲授能做到发音正确、吐字清晰、用词准确、语言流畅。

2.讲授技能应用的注意事项

学习与研究中职语文课堂教学讲授技能的理论知识，并能自如运用于课堂教学学习与研究课堂教学讲授技能的理论知识，是理解该技能的内涵与掌握教授技能的前提条件，学习的内容包括：课堂教学讲授技能的概念、优缺点、适用范围；各种课堂教学讲授技能类型的名称、概念、相互间的区别和联系、各自的应用要求等。

（1）力争博览群书。一个教师要具有扎实的技能，必须以广博的各门学科知识为基础。这是因为，教师的讲授对学生的影响并不限于某门学科、某种专门知识。随着传播科学文化知识渠道的增多，学生通过各种渠道深入社会、了解社会，开阔了眼界，增长了知识，他们无论在知识的广度上还是在深度上都明显比过去有所提高。这一方面给学生带来了方便，另一方面又对教师提出了更高的要求，学生希望从教师身上获得取之不尽的知识，教师对一段知识贫乏的讲解无论如何也不会满足学生对知识的需求。

一个合格的教师要想设计出令学生满意的讲解，无论从事哪一学科的教学，都必须掌握和本学科相关的文化基础知识。同时，要把文史地、数理化、音体美等学科知识作为知识结构的整体来认识；对哲学、社会学、伦理学、美学等应广泛涉猎。除此之外，还要及时了解与教学内容相关的新兴学科、边缘学科的基本内容。

（2）深入钻研教材。设计讲授是为了通过讲授而达到教学目标，促进学生的发展，至于促进发展应达到什么程度，则要根据教学要求和学生实际而定，因此讲解准备过程的重要一环是深入钻研教材。钻研教材要以课程标准为指导，根据教学目标和教学原则，具体地研究和组织教材，并把教学内容和一定的讲授形式结合起来。钻研教材要有一个整体观念和发展观念。整体观念就是要从教材的整体和学生心理发展的整体来研究，把一章一节教学内容和整个教学目标联系起来；发展观念就是要把一节课、一个章节、一个单元的教学目标，同一个学期、一个学年以至全学科的教学目标联系起来，使一节课、一个章节、一个单元的教学成为促进学生长期发展的有机组成部分。立足于上述整体与发展的宏观意识，便可从微观入手来抓教材中知识结构的重点来设计讲授了。

（3）了解学生实际。教学包括教师的教和学生的学，它是由教师的控制系统和学生的控制系统结合而成的。从教师方面而言，深入钻研教材仅是所讲授信息输入前准备工作的一个环节，为保证讲授信息输入的顺畅，教师还必须了解、研究学生，通过观察、教学检查等方法，了解学生的整体基础知识、智力水平，了解学生对上一单元、上一课时讲授信息的接受程度。当然，教师对朝夕相处的学生的基本情况还是比较了解的，但具体体现到每一册教材、每一节课中却不一定了如指掌，为使每一次讲授都能讲到重点上、问到关键处，教师应特别重视"了解"学生。

（4）判断知识的性质，选取合适的类型，写出教案。根据教材内容、学生特点及其他诸方面因素选取合适的课堂教学讲授类型，根据该类型的相关要求，写出教案。之后熟悉教案—实习（录像）—评价（放录像、自评、他评）—再实习（录像）—再评价（放录像、自评、他评）。

三、中职语文课堂教学语言技能

教学语言是教学信息的载体，是教师完成教学任务的主要工具。教师的教学语言技能是提高中职语文课堂教学效率的基本教学技能。教学语言技能是教师用正确的语音、语调、语义以及合乎语法逻辑结构的口头语言，传授知识、指导训练、组织教学的行为方式，亦即教师在课堂上使用口头语言的方式。

（一）教学语言的特征分析

教学语言是语言这一人类交际工具在教育领域中的具体应用，因此教学语言除了具备一般语言的共同特征外，还具有自身的基本特征。

第一，教育性特征。教师的职业特征决定了他的一言一行都在对学生施加着影响，因此教学语言必然具有较强的教育性。

第二，学科性特征。不同学科教学使用的教学语言传递着不同学科的教学信息，这就使教学语言具有学科性特点。不同的学科都在自己的发展过程中积累了大量的知识素材，并在此基础上总结出自己的理论体系，然后通过这个理论体系来揭示客观规律。从语言运用的角度来说，各学科的特有概念就是专业术语。在教学中，教师必须运用本学科的专业术语来传递教学信息，即教学语言必须具有学科性。

第三，简明性特征。教学语言的简明性是由教育教学工作的特殊性决定的。一节课时间有限，在有限的时间内要把较多的知识传递给学生，语言表达必须简明。教学语言是诉诸学生的听觉的，语言信息转瞬即逝，冗长的语言会使学生抓不住重点，给学生接受教学信息带来极大的困难。因此，教学语言必须具有简明扼要的特点。

第四，启发性特征。教学语言的启发性是指教师的语言对学生能起到调动自觉性和积极性的作用。教师的教学语言是否具有启发性，就是看他的语言能否拨动学生的心弦，即能否激发他们的学习兴趣、热情和求知欲，能否启发他们积极进行联想、想象、分析、对比、归纳、演绎。

第五，可接受性。教学语言是传递教学信息的工具，要使它达到预期的效果，教师所用的语言必须能为学生所接受。这就要求教师使用的语言要跟学生的接受水平一致，也就是不能一字不漏地背诵教案，而应在充分准备的基础上，一边按计划讲解，一边观察学生的反应，如发现学生难于理解，应及时选用学生易懂的词句，或更换讲述方式进行再一次讲解，直到学生理解。

（二）教学语言技能的作用

语言是中职语文课堂教学的灵魂，也是教师传授知识的重要工具。课堂教学实际上就是教师展示语言艺术的舞台，教师的教学水平、能力、魅力及教学修养、教学风格等也都会从教师课堂语言的运用中体现出来。教师只有实现了从"书面语言"到"口头语言"的良好转化，才能实现课堂教学语言质的飞跃。从素质教育及基础教育课程改革的要求来看，教师教学语言的作用主要在于组织、指导、激发学生学习，对学生在学习中产生的疑难问题给予点拨指导，对学生在课堂学习中所做的努力及进步给予肯定，从而使学生积极、主动、有效地学习。

许多优秀教师的教学之所以能给学生留下终生难忘的美好印象，除了渊博的知识，纯熟、优美的教学语言也是一个重要原因。教学语言技能较高的教师能通过自己的教学语言，化深奥为浅显，化抽象为具体，化平淡为神奇；能够激励唤醒、鼓舞学生学习；能够有效地组织指导全体学生进行自主、合作、探究性学习；还可以使教学过程显示出极大的艺术性，从而产生积极的教学效果。总而言之，不同的教学语言将起到不同的作用。

第一，用启发性教学语言能够帮助学生自己学会学习，发展学生的思维能力，如："看到这个课题你想到什么？你想提出哪些问题？你想探究什么问题？谁能试一试，自己来解决？你的办法很好，还有其他办法吗？仔细想一想（或观察），你同意他的想法吗？你觉得他们说的（想的或做的）怎么样？谈谈你的看法。"

第二，用赏识性的语言会对学生的个性发展起到很好的作用，可以使每个学生在获得知识的同时体验理解、信任、友爱、尊重和鼓舞，如："你的思路很清晰。我非常赞同你的想法，能把你的想法给同学们再讲讲吗？对刚才的问题，你不满足于找到答案，而是经过思考后又有了新发现，如果能说出其中的道理那就更了不起了。"

第三，用激励性语言有利于提高学生学习的积极性和主动性，从而产生极大的学习动力，如："试一试，相信你一定能够成功。相信你自己一定能够想出来。相信你能做得更好。大有进步，加油！希望你再接再厉！你看，你比以前进步多了，如果继续努力还会有更大的进步，老师相信你。只要你有一颗上进的心，胜利总会属于你。"

第四，用反思性语言不仅可以巩固课堂知识，提炼出学法，而且能够使学生对知识的理解更丰富、更加全面，还有利于提高学生自我分析、自我评价和自我提高的认知能力。适当的反思性语言可以有效地引导学生进行反思活动，如："今天这节课我们学习了什么？回忆一下我们是怎么学的？谁能介绍一下自己的学法？通过探究你有什么体会？有什么启发？你觉得这节课你表现得怎么样？你有什么收获？谁能给大家提出一个值得继续探究的问题？"

教师在课堂教学中，应针对不同的问题、不同的情况、不同的学生，抓住最佳教学时机去启发、去赏识、去激励、去反思，才能充分发挥教学语言的作用。

（三）教学语言技能的类型

第一，叙述性语言。叙述性语言是指教师在中职语文课堂教学中，将教学内容向学生做较客观的陈述介绍的语言。特别是把人物的活动和经历，事情的发生和发展或事理的变化过程具体表述出来，使学生获得脉络清楚、系统完整的有关知识或事实。叙述性语言一般可分为以下三种：

一是纵向叙述。纵向叙述是指教师在课堂教学中，根据事理在时间上的延续性进行的叙述方式。纵向叙述适用于介绍具有时间联系的事理知识，如历史事件、人物经历、工艺程序、技术措施等。纵向叙述又有顺叙、倒叙、插叙、补叙等几种不同的叙述方式。顺叙是按人物的经历或事件发生、发展的先后顺序进行的叙述。这种叙述方式的特点是线索清晰、层次分明，符合人们认识事理的习惯，是最常见、最基本的教学语言叙述方式。倒叙是把事件的结局或事件中最突出的片段提在前面叙述，然后按时间顺序叙述事件的其他过程。这种叙述方式的特点是能造成悬念、激发兴趣，取得吸引学生注意力的效果。插叙是暂时中断所叙述的事件，插入与之相关的另一事件的介绍，然后再接着叙述原事件。这种叙述方式的特点是加大了叙述的容量，使叙述富于情趣和变化，有时能起到活跃课堂气氛的作用。补叙是指叙述到一定阶段，对前面的内容做某些补充叙述。这种叙述方式的特点是位置后移，起丰富和补充的作用。

二是横向叙述。横向叙述就是根据事理的非时间联系而进行的叙述方式。横向叙述适用于介绍具有空间关系、逻辑关系（如主次关系、因果关系等）的事理知识。如"北欧各国"中丹麦、挪威、芬兰、冰岛具有空间关系，介绍时教师常用的就是横向叙述的语言方式。

三是交叉叙述。交叉叙述就是把纵向叙述和横向叙述结合起来进行。如讲授中国历代教育家的思想,就可使用纵横交叉式的语言叙述方式进行叙述,即以时间线索为纲,以历朝历代数位著名教育家为重点进行讲述。

第二,描述性语言。描述性语言是指教师在中职语文课堂教学中把有关内容直观形象、生动逼真地描绘出来的语言。这种语言在语文这类文科教学中用得最多。其特点是通过摹态传神,使学生如见其人、如闻其声、如临其境,从而丰富感知、加深印象,受到强烈的艺术感染。

第三,论证性语言。论证性语言是指教师在中职语文课堂教学中,用事实或理论等论据来证明论题或论点真实、正确。其基本要求是语言富于逻辑性,论题明确,论据真实而充分,论证合乎推理规则。

第四,说明性语言。说明性语言是指教师在中职语文课堂教学中向学生说明事物、解释道理的语言。它要对事物的形态、性质、改造、成因、种类、功能或事物的概念、特点、来源、关系、演变等,做清晰准确、通俗易懂的解说剖析,以帮助学生加深理解、形成概念。

第五,抒情性语言。抒情性语言是指教师在中职语文课堂教学中用以抒发感情的语言。教师的情感通过语言抒发出来,常能收到"动之以情、以情感人"的效果。

第六,评价性语言。评价性语言是指教师在中职语文课堂教学中对学生的学习行为进行勉励、鞭策的语言。评价性语言应以鼓励为主,对指误性的评价也应尽量做到从正面入手给予鞭策性指导。表扬性评价要热情真诚,充满希望;指误性评价要诚恳耐心、语重心长。不管是表扬性评价,还是指误性评价,语言中都要充分体现出教师对学生真心爱护的谆谆教导之情。

(四)教学语言技能的要求

1. 教学语言构成要素方面的要求

教学语言是传递教学信息的基本方式,是由下述几个相互联系、相互制约的语言要素构成的。要把教学信息生动、准确地传递出去,便于学生接受和理解,必须理解教学语言的基本构成要素及其意义。

(1)语音。语音是人类发音器官发出的具有区别意义功能的声音,是语言的基本构成单位。在教学中对语音的基本要求是发音准确、规范,准确即吐字清晰、发音到位,规范即使用普通话的标准读音。

(2)语调。语调是指讲话时声音的高低。语调的升降及抑扬顿挫的变化,是增强语言生动性、体现语言情感性的主要因素。语调的抑扬顿挫和声音的高低在教学中具有重要作用。平淡而低沉的语调易使教室里气氛沉闷,学生振作不起精神,信息接收率低;语调过高,易使学生情绪烦躁或厌倦。正确的方法是,在讲解重点、难点和教学环节的承接处,在叙述概念、定义、公式、定理时,说话要慢些,语调要高些,以引起学生的注意并留出做笔记的时间。

(3)语度。语速指的是讲话的快慢。语速是否科学合理,对教学效果的好坏有直接影响。在日常生活中,每个人讲话的速度各不相同。教学语言是一种专门的工作语言,不应该用日常习惯的语言速度去讲课。如果语速过快,会使学生大脑无法及时处理接收的信息,势必造成信息的遗漏、积压,而导致信息处理的迟缓。如果语速过慢,会使学生接收信息的速度慢于大脑处理信息的速度,不仅浪费了时间,还会导致学生精力涣散。由此可见,教学语言的速度过快或过慢,都会对学生的学习产生不良影响。一般情况下,教学语言的速度以每分钟 200~250 字为宜。在一节课的教学中,如果自始至终总是一种语速,不仅不易使学生把握教学的重点、难点,分不清主次,而且教学本身也缺乏生机,易使学生产生单调、乏味之感。这就要求教师说话的速度要有快有慢,教师要学会变化语速。

在教学中,变化语速应考虑的因素具体如下:

第一,教学对象的年龄。学生年龄越小,越要相应地放慢语速,且停顿的次数要多一些。

第二,教学内容。讲授语文学科的不同内容,要根据教学内容的深浅难易程度确定教学语速。浅显易懂的内容,语速可适当加快;反之则应放慢。

第三,教学环境条件。在空间大的教室上课,语速宜慢。有噪声干扰、课堂不够安静时,语速也应放慢。

第四,教学要求。如果教师要通过描绘生动形象的故事来激发学生的学习兴趣,语速宜快;在需要通过摆出事实、启发学生思考得出结论时,语速应放慢一些；在归纳总结概念、结论时，要逐字逐句地慢讲，以使学生牢固掌握。

第五，学生的课堂表现。学生在专心致志地听讲时，宜根据上述四个方面的情况使用相应的语速；在学生不够专心时，通常采取放慢语速甚至中断讲述的措施，以引起学生的注意，促其将精力集中到听课上来；在学生紧张疲惫、跟不上教学进度时，要放慢语速；在学生因已经弄懂了正在进行的教学内容，而表现出漫不经心的样子时，则宜加快语速，迅速进入下一个环节的教学。

（4）节奏。语言节奏是指语调高低、快慢的变化。例如，讲到重要的地方提高声调放慢语速，讲到快乐的地方自然露出微笑，讲到愤怒的地方显出激昂的情绪，讲到悲伤的地方声音变得低沉。这种语调高低、速度快慢交迭伴随着情绪的变化，就形成了一种节奏，它直接影响着学生的情绪和接收信息的效率。

（5）音量。音量是指声音的高低，实际上是强度、长度、高度的总和。在教学中，教师应努力使语言的音高、音强、音长达到和控制在最适当的程度。具体的标准是使坐在每个位置的学生都能毫不费力地听清楚教师讲的每一句话、发出的每一个音节，并且耳感舒适。如果达不到或超过这个合理的响度，就会妨碍信息的传递，影响学习效果。一般情况下，一节课中教师不能自始至终使用一种音量，要学会变换音量，做到使音量具有可察觉的明显的变化，而这种变化又必须能够引起学生的注意，使学生保持适宜的精神状态。音量变化的方法如下：

第一，多种音量法。教师可运用多种音量交叉使用的技巧，以引起、保持学生的注意。如一位教师在讲了一个有趣的故事之后，引来了学生的一片笑声和议论声，当他开始把声音变弱，形成安静低沉的声调时，学生便会更加专心地听讲。在某些情况下，低声细语能使语言更传神，当然，这时教师不仅要讲得慢，而且要讲得清楚，要让每一位学生都能听得到。

第二，高音量法。在学生注意力不太集中时，运用高音量法能使学生觉察到教师的不满情绪，将学生的注意力集中起来，避免学生精力进一步分散。

如果学生只是窃窃私语，用高音量法较好；若课堂上出现的是乱哄哄的场面，教师声音再大也不足以引起全体学生的注意，那就要采用其他办法了。

第三，短暂停顿法。短暂停顿是一种有效的音量变化方式，它能使学生通过抬头查看教师而将注意力迅速地转移到教学内容上，具有较高的警戒作用；同时还给了学生较短的思考时间，认真回味相关的学习内容。下述方式可使用短暂停顿法进行教学：在讲完重点内容后停顿一下，然后以平和的语调重复一遍；在向全班学生提出问题后有意停顿一小段时间，让学生迅速加以思考……这些停顿都能产生较好的效果。应注意的是停顿时间应控制在3秒钟左右。3秒钟左右的停顿足以引起学生的注意。过长的停顿既浪费教学时间，又会使学生产生难以忍受之感。

变化音量最重要的是使声音具有起伏变化，使声音的强度不维持在一个水平上。对大多数教师来说，不要总是用过高的音量不停地讲。心理学的研究表明，声音的强度与人们的情绪有着直接的关系。平时人们的日常对话，声音的强度大约为60分贝。高音教学若超过了一定的强度（超过80分贝），就会成为噪声，学生就容易产生疲劳感，神经系统即进入保护性的抑制状态，学生随之就会产生对待学习的消极情绪。同样，教师总用过低的音量讲课，学生会因辨别不出语音而影响听课效果。因此，教师在变化音量时要避免音量过高或音量过低的情况出现。

（6）词汇。在课堂教学语言中，对词的要求是规范、准确、生动。用词规范，表述准确，不仅能正确地传达教学信息，又能使学生迅速把握语义、掌握知识。同时，注意选用富有形象性、感染力的词，能使教学语言形象生动，增强语言的感染力。

（7）语法。语法是遣词造句的规则，按照这一规则使用教学语言，就容易被学生理解；反之则会造成学生理解上的困难。符合语法规范的教学语言，就是教学中教师"知而能言，言而能顺"，句子通顺连贯，语段合乎逻辑，语言得体。

课堂教学与一般的语言交流不同，它除了让学生听明白外，还必须使学生理解、掌握，即不但要使他们知其然，还要知其所以然。因此，教学中教师要注意语言的逻辑性：在已知的前提下，根据学生所学知识进行详细严密的论证，从而得出结论。这样，才能使学生思路清晰地寻根求源，一环扣一环地学习知识，从而达到理解、掌握知识的目的。

2.教学语言技巧方面的要求

针对不同的课堂教学状况，教师应该采用与之相适应的教学语言。

（1）比喻。运用比喻的手法说明事理，能够深入细致地描绘事物，给人以哲理的启发、形象的遐想，收到以一当十、理趣俱生的效果。在教学中使用比喻来辅助讲解，就是用学生所熟知的事物来描述学生不熟悉的、抽象的事物，以此增加学生的感性认识，使其能更好地理解抽象的知识。

（2）含蓄。含蓄是一种教学语言成熟的表现。教学语言准确、清楚较容易做到，形象、生动就稍难一些，而含蓄则是更难达到的一种语言水平。含蓄之所以难以达到，是因为教师的教学语言既不能含糊其词，又不能"一语道破天机"。教学语言的含蓄是一种意不浅露、语不穷尽、"言有尽而意无穷"的状态。暗示和委婉是含蓄常用的手法，特别是当学生答错问题或违反纪律的时候，教师用含蓄的语言加以暗示或委婉地提出批评，其效果往往要比直接批评好。

（3）幽默。教师幽默的语言可以营造良好的教学氛围，还能对学生产生潜移默化的影响，使他们用微笑和闪烁着智慧的目光看待人生，乐观、快乐地成长。需要注意的是，教师在课堂教学中的幽默，要注意分寸，情趣健康，和善坦诚；不能为幽默而幽默，滥用幽默，甚至走向无聊庸俗，这样反而会影响教学的顺利进行。

（4）悬念。教学语言同样要追求这种悬念效果。在教学语言中设置悬念，能够造成一种峰回路转、扑朔迷离的情境，可以调动学生的期待心理，激发学生积极思考，顺利完成教学任务。

（5）应变。课堂教学的情况千变万化，有时会遇到一些突发性事件，如难以回答的问题、出乎意料的恶作剧等。教师应该具有较强的应变能力，能够运用相应的教学语言灵活巧妙地处理突发性事件，化消极因素为积极因素，从而取得教学的成功。

3. 基础教育课程改革方面的要求

新一轮基础教育课程改革要求教师的角色及行为必须发生重大转变，即要求教师成为学生学习活动的组织者和引导者。教师角色的转变赋予了教师教学语言全新的内涵。课改背景下的中职语文课堂教学语言必须做出以下"一减三加"的转变：

（1）讲解性语言应大幅减少。教师角色的变化——由知识传授者转变为学生学习的引导者，使教师的责任转变成为学生创造各种有利条件，促使学生通过自主、合作、探究性的学习，顺利完成学习任务。这就意味着教师讲解性的语言必须大幅减少。不低估学生的学习能力，不高估自己讲解的价值，讲解性的教学语言在课堂中就会慢慢减少。

（2）引导性语言应大量增加。要让学生采用自主、合作、探究性的学习方式进行学习，必定要以原有的知识为基础，因此，引导学生把已知和未知联系起来，便成为教师教学语言应达成的主要任务之一。

（3）组织指挥性的语言应大量增加。要让学生采用自主、合作、探究性的学习方式进行学习，必须将学生有效地组织起来，且要在学生学习的过程中进行有效的指挥调控，这就意味着教师组织指挥性的语言应大量增加。

（4）鼓动激励的语言应大量增加。要让学生采用自主、合作、探究性的学习方式进行学习，学生的情感、意志等起着重要作用，而教师鼓动、激励的话语是学生情感、意志的催生剂。由此可见，课改背景下的新课堂，教师鼓动激励的语言应大量增加。

总而言之，面对课程改革的要求，教师必须不断调整自己的教学语言技能，以适应学生学习方式的转变，凸显学生的学习主体地位，最终实现教师角色的真正转变。

四、中职语文课堂教学板书技能

中职语文课堂教学板书技能是教师必须具备的一项基本功，是衡量教师素质高低的一个重要指标。板书质量直接影响教学效果，还对学生的思想方法、审美能力、工作态度等方面具有深远的影响。在教学中，板书运用得当，有助于突出教学重点，起到画龙点睛的作用，可以帮助学生加深对学习内容的理解和记忆，激发其学习兴趣和热情，还能给人以美的享受，唤起学生的形象思维。因此，一个称职的教师应该高度重视板书的作用，刻苦钻研和练习，不断提高板书水平，使之更好地为教学服务。

板书具有悠久的历史，其发展到今天，已远远不是"教师讲课时用粉笔在黑板上写的文字"，它的外延已经被教师的实践活动拓展开来，一般情况下板书包括：文字、数字和字母；用于文字下方起标记提示作用的点；各种形式的线条；板书中运用的多种示意图等。

板书是呈现教师教学思想的重要载体，是教学艺术构思的核心，是师生创作思维过程的符号元素。教学板书是教师上课时为帮助学生理解、掌握知识在黑板上书写的凝结简练的文字、图形、符号等，它是教师向学生传递教学信息的一种语言活动方式，又称为教学书面语言。教师在精心钻研教材的基础上，根据教学目的、要求和学生的实际情况，经过一番精心设计而组合排列在黑板上的文字、数字以及线条、箭头和图形等适宜符号被称为正板书，通常写在黑板中部的突出位置。一般把在教学过程中随讲、随写、随擦，写在黑板两端的一些辅助性文字、数字等符号称为副板书。

（一）板书技能及训练目标

教学板书技能是教师在课堂教学中准确、有效、灵活地在黑板上以凝练的文字、符号和图表、图画等，传递教学信息的教学行为方式。

教学板书技能的训练目标可确定为：第一，提高对教学板书意义的认识，重视板书，把板书当成课堂教学重要的辅助手段；第二，能够说明教学板书的作用；第三，能够熟练地运用实例说明教学板书的基本格式、原则、技术要求，并掌握一些基本的书写和绘画技能；第四，能够运用板书的有关知识，准确、有效、灵活地进行板书；第五，能够处理好写与讲、板书与时间的关系；第六，能够对自己和其他教师的板书做出实事求是、富有建设性的评价。

（二）板书技能的作用分析

精心设计的板书浓缩着教师备课的精华。直观的板书可以补充教师语言讲解的不足，展示教与学的思路，帮助学生厘清教学内容的层次，理解教学内容，把握重点，突破难点。它能够启发学生的智慧，在课内有利于学生听课、记笔记，在课后有利于学生复习巩固、进一步理解和记忆，并能给学生美的享受，对学生产生潜移默化的影响。板书还便于教师熟记教学的内容和程序。

即使在多媒体辅助教学不断发展的今天，越来越多的教师深刻地认识到，在教学活动中，板书绝非可有可无，它影响着整个教学过程中的每一项教学活动，关系每一教学要求的落实，影响每堂课的教学效果。好的板书集中了整个教学方案的精华，运用得法，能起到事半功倍的作用。一般而言，中职语文课堂教学板书技能具有以下作用：

第一，增强语言教学效果，辅助口头语言传递信息。尽管教学语言是课堂交流教学信息的主要方式，但它转瞬即逝，不易长时间记忆。而作为口头语言辅助工具的板书，能简明扼要、提纲挈领、条理分明地把教学内容表现出来，使视听两种感官相结合。由于板书和口头语言两种信号的协同作用，使得口头语言所表达的内容更明确、更突出，因而能取得更好的教学效果。

第二，揭示知识的结构体系和内在联系。板书是随着教学进程逐步出现的，它的主要意图是揭示教学的结构体系和知识之间的内在联系。在中职语文教学过程中，板书内容随教学的时间顺序而先后出现，体现了知识的结构。完整的板书内容所揭示的就是知识的体系，而其中联结内容的文字、符号便体现了知识之间的内在联系。

第三，突出重难点，便于记忆。好的板书设计能直观地呈现教学内容的脉络，有助于培养学生思维的连贯性，有利于学生整体感知、概括能力的提高。板书把教材的表达中心和重点的潜在因素挖掘出来，使复杂的关系简明化、抽象的概念形象化、深奥的道理通俗化。我们可借助板书提出的一系列问题，引导学生顺着这条线索读书、思索、品味，逐步理解课文。在多媒体盛行的今天，一些老师喜欢用声像俱佳的课件替代传统的板书。虽然声像能够给学生更直观的感受,但稍纵即逝的课件来得快,去得也快,不能给学生留下多少痕迹。课堂教学板书浓缩了教学内容、突出了教材的精华,提纲挈领,做到让学生一抬头,便对本节课的重点难点一目了然,从而使学生看得明白、记得扼要、学得精当,对学生的听讲、笔记和复习都有很好的作用。

第四,有助于集中学生的注意力,启发学生思维,激发学生学习兴趣。多媒体教学在现在的课堂中运用得越来越广泛,但它在学生思考体会、笔记记录、教师点拨、学生回味、课堂生成等方面都存在着明显的弱点和缺陷。而教学板书书写灵活,我们可以借助板书的这一特点把那些不能够一次性完整呈现,需要经过逐步生成的教学内容,通过板书的形式,以扼要的文字或简明的图画,生动地反映出其互动、演绎、推理的过程。在学习过程中,形象思维和直觉思维是创造性思维的前提,但形象思维和直觉思维的最大弱点是条理不清、主次不明、缺乏逻辑性。而准确、系统、严密、有序的板书有利于学生纵横双向思维和逻辑思维能力的培养。

第五,对学生进行潜移默化的思想教育。布局合理、设计精美、字迹娟秀,并配以不同色彩的板书,能给学生以美的享受、美的感染、美的熏陶,能陶冶学生的情操,使学生兴趣盎然,且能活用知识,使学生加深对知识的理解,加深记忆,并有助于培养学生良好的书写习惯、严谨认真的学习态度和规范化的书写技能。教师漂亮的字体、优美的板书、巧妙的构思,不仅会使学生感受到板书形式的美,而且能让学生从教师的板书风格中感受到教师的内在品格美。

(三)板书技能的类型划分

板书设计没有固定的形式,它要从实际出发,根据教材和学生的实际出发,不同的文章由于结构特点和写作方法的不同,板书设计自然也不会一样。即使同一篇文章,由于教师教学的着眼点不同,板书设计也不会完全相同。就不同班级来说,由于基础的差异,板书设计也应有所区别。通常所见的板书有如下类型:

第一,提纲式板书。提纲式板书是运用简洁的重点词句,分层次、按部分地列出教材的知识结构提纲或者内容提要。这类板书适用于内容比较多，结构和层次比较清楚的教学内容。提纲式板书的特点是条理清楚、从属关系分明，给人以清晰完整的印象，便于学生对教材内容和知识体系的理解和记忆。

第二，词语式板书。词语式板书是以围绕关键性词语及概念为主的板书。这种板书有助于学生掌握教材的基本内容，尤其是以概念来理解文章的思想内容，有利于加强学生对基本概念、过程、方法的理解和准确用词的基本训练。它的特点是简明扼要，富有启发性。

第三，表格式板书。表格式板书是根据教学内容可以明显分项的特征或对比性要求而设计成表格形式，提出相应的问题让学生思考，提炼出简要的词语填入表格，或教师边讲解边把关键词语填入表格，给人以井然有序之感。还可先把内容有目的地按一定位置分类书写，归纳、总结时再形成表格。

第四，线索式板书。线索式板书是以教材提供的线索（时间、地点）为主，将教材的梗概一目了然地呈现在学生面前，使学生对教学的主要内容有所了解。这种板书形式指导性强，对于复杂的过程能起到化繁为简的作用，便于学生理解和记忆。

第五，对比式板书。对比式板书常用于两篇文章或某一篇文章的两个方面进行的对比，在对比中突出人物的思想，在对比中说明一个道理，揭示一种社会现象。其好处是使学生一目了然，能形成鲜明的对比效果，产生强烈的感知性，有利于发展学生的求异思维与求同思维，能提高学生的思想认识水平。

第六，图示式板书。图示式板书是在文字之间用表示一定意义的线条、箭头、符号串联起来，组成示意图，为开展教学活动提供具体的表象支撑，使抽象的概念具体化，给人以直观易懂之感。图示式板书也指以画图为主的板书。该类板书的特点是以直观的图画代替抽象的文字。它既可增加趣味性，又能让学生借助于形象，掌握教材的内容、结构，领会文章的中心思想。

第七，总分式板书。总分式板书类适合于先总体叙述后分述或先讲整体结构后讲细微结构的教学内容。总分式板书的特点是条理清楚、层次分明，便于学生统观教材结构，易于理解教学内容之间的关系。

（四）板书技能的设计优化

1. 板书设计的四个意识

教师应自觉增强教学板书的设计意识，提高教学板书设计的艺术水平。教学板书的精心构思、整体设计，可以有效地克服教学板书的盲目性、随意性带来的低质量、低效率的弊病，达到应有的教学效果。

（1）课程标准意识。课程标准是进行教学的依据，也是进行板书设计的依据。离开了这个依据，教学板书也就成为无所适从、无的放矢的活动。在设计板书之前，学习或回顾课程标准，可以使教学目标更加清晰，教学内容更加明确、教学原则更加清楚、教学方法更加对头，设计出来的板书也就会更加科学合理。

（2）教材意识。钻研教材包括两个方面的要求：一是掌握教材体系；二是吃透每个教学内容。教材体系是板书设计的重要依据之一。尤其应该注意的是，只熟悉本学期教的一册是不够的。因为知识的传授和能力的培养都是一个前后关联的系统，如果忽视了这一点，就会割裂知识的传授和能力训练各阶段之间的内在联系。所以，在进行板书设计之前，必须清楚这样一些问题：教材编排的系统，各册教学的内容，本册教材所处的地位，双基教学的任务，思想教育的要求，课型的特点，单元教学的重点等。这样才能从整体上把握教材体系，从而避免教学设计的随意性，使板书设计具有科学性。

（3）学生意识。板书设计是直接指导学生学习的教学手段。学生的心理状况、思想实际和知识基础不同，对于板书设计的感受程度和效果也不一样，因此板书设计必须了解和研究学生。

（4）条件意识。板书设计要重视利用现有的物质条件：既要尽可能利用现有的设备条件，又要尽可能创造新的更好的条件，把传统的板书手段与现代化的电教板书手段结合起来，设计出符合教学要求、高效率的板书来。

2. 板书设计的特殊步骤

板书设计的特殊步骤是指设计板书时因突破口不同而有所变化的操作步骤。对于富有经验的老教师来说，设计板书图示之前就对设计的目的、内容、重点和使用要求等了然于胸，因此设计时不必呆板地按上述六步逐一进行，而可以采取特殊的步骤。这些特殊步骤的关键是确定各自不同的突破口。因此，按照突破口的不同，就形成了各种不同的特殊步骤。

（1）题意演绎型步骤：其关键是通过审题、解题把演绎题意作为板书图示的基本内容和基本结构，然后再配以其他有关内容，设计成一幅完整的实用板书。对于一些题目即文眼、题意即中心的课文，有时就可以从课文题目入手设计板书图示。题意突破以后，还需按教学要求和设计原则，选择恰当的方法和其他相应的步骤，设计出完整的板书，以达到设计的全部目的。

（2）课眼一统型步骤：它与题意演绎型步骤的基本区别在于，前者从课眼突破，后者从课题突破。课眼是教师课堂教学设计的聚焦点，是课堂教学内容和教学目的的集中体现。如果说课题体现的是教学内容的客观性，那么课眼则体现了教学目的的主观性。使用课眼一统型步骤设计板书，首先要通过钻研教材，明确教学目的，酝酿出课眼；然后再围绕课眼合理安排板书图示的内容，使板书能更好地体现教学意图。

（3）结构梳理型步骤：不同的体裁有不同的结构特点，记叙文、说明文、议论文和其他各种文学作品的结构也可以作为板书设计的突破口。采用这种步骤，首先需要掌握课文的结构特点，据此选用不同的板书形式，然后将结构梳理清楚，并以此为骨架编配其他有关内容。

（4）要素揭示型步骤：它以揭示要素为突破口。不同文体的课文要素不同，如记叙文中的时间、地点、人物、事件、原因、经过、结果，说明文中的说明中心、事物特点、说明顺序、说明方法等，议论文中的论点、论据和论证，文学作品中的人物、情节和环境等。以要素为突破口，就是首先列出文章的要素，然后选择与教学目的关系最密切的要素，配之以其他内容，从而使板书符合教材的实际和教学的要求。

（5）重点突破型步骤：一篇课文的重点，有时在某一观点，有时在某一写法，有时在一些词句，有时在一些段落。设计板书时，可以从这些重点入手，以更好地体现教学目的，突出教学重点，突破教学难点。采用这一步骤必须准确掌握课文的重点，恰当处理好重点与一般知识的关系。如果重点不明或重点失误，教学中就会迷失方向，甚至南辕北辙。

（6）特色强调型步骤：这种设计步骤侧重于强调课文的艺术特色。这些特色包括课文表现手法上与其他文章有所不同的特点，或文体特色，或文意特色，或文法特色，或文脉特色，或文风特色，都可以作为突破口。设计时，首先需要吃透教材，准确把握文章的特色，把文章的特色作为板书的中心内容；然后编配与特色密切相关的内容，兼顾其他教学要求，形成以反映课文特色为主的板书。

（7）训练纲要型步骤：这种设计步骤可用于练习型课堂教学的板书设计。这种步骤以训练项目为突破口，设计时，首先要明确训练的要求和重点，以便设计出精当的习题作为训练纲要，落实教学要求。需要注意的是，作为板书，它与一般的习题有所不同。采用训练纲要型步骤设计的板书，应当成为既科学又艺术的导练型板书样式，而不是一般题目的罗列，同样需要诱发学生的兴趣，唤起学生的注意，强化学生的感知，激发学生的思维，以培养学生各方面的能力。

（8）框架预构型步骤：利用预构框架设计板书的一种办法。预构的框架多用表式，可以有一般文章的框架，也可以有不同文体的框架。前者既可以内容要点为框架（如包括课题、作者、体裁、段落要点、中心思想、写作特色等），也可以结构为框架（如包括课题、开头、主体、结尾、重点、关联等）。不同文体的框架则按不同文体的要素和结构特点设计。采用这种设计步骤不仅需要吃透教材，而且需要在按预构框架设计时发现教材的特点，设计出既符合教材实际又新颖醒目的板书。

3.板书设计遵循的原则

（1）语言准确，有科学性。这是对板书内容提出的基本要求。板书语言要做到准确无误，避免出现词不达意、语言过滥的现象。板书要让学生看得懂，引人深思，不能由于疏忽而造成意思混乱或错误。因此，板书用词要恰当，造句准确、图表规范、线条整齐，这是板书设计中不容忽视的一个方面。

（2）重点突出，有计划性。由于课堂时间的有限性，教师为了让学生在短时间内系统而多样地进行学习，板书语言必须重点突出、详略得当，使学生通过一堂课的板书，能够纵观全课、了解全貌、抓住要领。板书设计的"计"就是计划性。教师在上课之前，对于板书内容出现的先后、内容间相互的呼应和联系、文字的详略、布局位置的调整、符号或图形的运用等，都要事先进行周密的安排，力求水到渠成。因此，板书内容要事先计划好，做到少而精，恰到好处，只有这样，教师才能有条不紊地开展教学活动。

（3）书写规范，有示范性。这是从书写文字和格式上提出的要求。板书要工整，必须遵循汉字的书写规律，做到书写规范、准确。要把握汉字的基本笔画和笔顺规则，不倒插笔，不写不规范的简化字。字的大小以后排学生能看清为宜。教师板书时，不但要注意文字的美观，而且要让学生看得清楚，甚至对数字顺序、标点符号都要有所推敲。这样一来，教师的板书不仅能起到传授知识的作用，而且可以引导和训练学生养成良好的书写习惯。板书规范、书写准确、有示范性是教师在板书时应时刻遵循的一条原则。教师在板书时的字形字迹、书写笔顺、演算步骤、制图技巧、板书态度与作风、习惯动作与语言等，往往成为学生模仿的对象，会对学生产生深刻的影响。所以，为防止教师在板书时给学生留下不良印象，一般要求教师必须具备过硬的书写基本功。

（4）层次分明，有条理性。各学科的教学内容都有较强的层次性、逻辑性和连贯性，所以板书要反映出内容的层次，有条有理。板书要能揭示教材内在事理间的逻辑联系，揭示教学的思路脉络，就必须讲究条理。板书设计如果没有条理，就不可能反映内容的本来面目，达不到教学的目的。板书的条理性应当体现在板书语言的组合结构上。尽管黑板上出现的词语并不多，但它们之间的内在联系应当有迹可循，甚至显而易见；词语间应做到"言虽断而意相通"，即所谓"藕断丝连"。

（5）布局合理，有艺术性。教师能把讲解的内容迅速而利落、合理而清晰地分布在黑板上，并使学生在讲解中跟上节拍，全部理解，课后又能使学生通过板书一目了然、通晓了解，这就是教师板书的艺术。很多教师在设计板书时匠心独运、巧妙设计，很好地发挥了辅助教学的作用，收到了良好的效果。板书设计要美观大方，具有艺术性。板书的艺术性主要表现在以下三个方面：

第一，内容美：字、词、句、公式或符号都要准确无误，不出现错字、别字、漏字或是语句不通、语言表达不准确等错误。

第二，形式美：板书内容的外在表现方式，如内容的布局结构、教师的书法绘画等能够吸引学生的注意力，激发学生的学习兴趣，能够对学生学习起到潜移默化的作用。

第三，文字、图画美：这就要求教师必须具有扎实的基本功。一是要练一手过硬的好字；二要掌握最基本的简笔画技巧。

（6）形式多样，有启发性。板书设计不能墨守成规、一成不变，应当在不影响教学要求的前提下，适当地采取随机应变的措施，具有高度的灵活性。为此，除了尽可能周全地设想板书的内容以外，还要适当留有余地，主动给学生"留有想头"，使他们获得"填补空白"的思维机会和发现与创造的乐趣。这样做不仅使板书设计更完善、更合理，而且上课时也更为灵活自然，学生的学习积极性才能够得到进一步调动。

（7）构思巧妙，有趣味性。板书应当有启发性，能使学生的思维活跃起来，使学生积极主动地投入学习，切忌用教师的主导作用来代替学生在学习中的主体地位。在板书的设计上，应该用精辟的语言画龙点睛地展现教材内容的整体框架，使学生能从板书中受到启发，引发其积极思考。教学板书要吸引学生的注意力，调动其思维的积极性，就离不开对趣味性的追求。这就要求教师在设计板书时，要力求使板书新颖别致、巧妙有趣。

4.板书的书写技能提升

精湛的板书技能是在长期的教学实践中锻炼和培养出来的。每位教师都应从练好"三字（粉笔字、硬笔字与毛笔字）一画（简笔画）"开始，不断提高自己的板书技能，为提高教学质量服务。

（1）黑板的利用。目前，一般教室的黑板都由四块玻璃板组成，中间1/2～3/4的位置写主板书，包括章节标题及主要内容，但一般不写到底，留下15cm左右，以免后面的学生看不到。其他1/4～1/2写副板书，即写一些提示性内容及辅助性图表、符号等。

（2）板书与板图的位置。在教学中，板书常与板图结合在一起使用，在设计时要统筹安排。一般而言，板图画在黑板两侧，但不宜将反映教学主要内容的板图放在黑板的边缘位置。使用小黑板或挂图时，板书应根据情况而定，若使用时间较长又要遮住部分黑板时，被遮住的部分不宜板书；若使用时间较短，使用完毕后应及时取下，以免影响下面的板书。

（3）板书的书写。

第一，书写格式。

一是标题的位置。①居中：鲜明集中，统领整个教学内容。②靠左：从头开始，明确内容顺序、过程。

二是大小标题的序号。标题的序号是内容层次结构的反映，表现出各部分的关系及条理性。一般而言，标题序号的顺序是：一、；（一）；1.；（1）；①；A.；a. 等。需注意的是，带括号的序号及标题后面没有标点符号，其余都有标点符号，大多使用圆点。

第二，粉笔字书写的方法。

一是执笔方法。写板书宜采用捏、挡和指实、掌虚的三指执笔法，倾全身之力于笔端。捏是用拇指、食指第一关节的指肚捏住粉笔下压；挡是用中指指肚侧上方将粉笔挡住，上顶。这样用三指就可牢牢控制粉笔，其余各指自然弯曲于掌内。由于粉笔质脆易折，执笔位置距笔前端不要太远，约1cm处即可，笔平卧于掌心，粉笔与黑板保持30°～60°的夹角。指实是要切实捏住粉笔，便于用力，避免字迹不清。掌虚能保证手腕灵活、运笔自如。

二是书写姿势。①头平是面部与黑板始终保持平行，以保证视线齐平，这样写出的字才能横平竖直、行款整齐。否则，写出的字可能变形。②身正是身体要保持正直，不要左右偏斜。由于黑板是固定不动的，不但要保持身正，身体还要随着书写不断平移，保证每一行字既不"上楼梯"也不"坐滑梯"。③臂曲是手臂自然弯曲，使臂、肘、腕、指力量均匀地抵达笔端。左手或持书本，或空手下垂，或轻按黑板。④足稳是两脚要分开站稳，若两脚平行，可与肩同宽；若两脚前后分开，步幅的大小要视能否站稳而定。要站稳，身体距黑板一尺左右较好。太近，易后仰失去重心；太远，易前倾站立不稳。

三是字的大小。在一般的标准教室内，每个粉笔字写 7cm×10cm 大小为宜，以保证后排学生能清晰辨认。

五、中职语文课堂教学演示技能

在中职语文课堂教学中，学生掌握基础知识和基本技能的过程是一个感性认识和理性认识相结合的复杂的认识过程，都要经过感知教材、理解教材、巩固所学知识和运用知识四个阶段，一般又都是从对教材的感知开始。而"演示"则是给学生以感性认识的重要手段，也是培养学生能力过程的基本环节。所以，教师必须对演示的作用、演示的要求有全面而深刻的理解，并掌握相关的技能技巧，以提高感知效率，完成教学任务。

课堂教学演示技能是教师在课堂教学中，根据教学内容的特点和学生学习的需要，恰当地选择和使用直观教具、直观方式，把事物的形态、结构或变化过程等内容展示出来，指导学生理解和掌握知识，传递教学信息的行为方式。例如，教师在教学中展示实物、模型、图片、图表等教具，进行示范性实验，使用幻灯片、投影、录音、录像、教学电影、电子计算机等。

（一）教学演示技能的作用

1. 激发学生的学习兴趣与热情

学生，特别是年龄较小的学生，心理发展水平较低，对事物的理解把握以具体形象思维为基础。因此，学生对具体直观的事物容易把握，具体直观的事物也容易吸引学生的注意。例如，一个单元或一节课能较好地以演示导入，很容易引发学生的好奇心，学生容易被新奇的刺激所吸引。因此在教学中，通过演示呈现给其具体、生动的事物，可以激发学生的兴趣，并使学生注意力集中，加深其内心体验。

2. 利于加深学生对知识的理解

学生掌握知识，首先是通过感知获得感性认识，而感性认识主要是通过对直观材料的感知而形成的。恰当地运用课堂演示能够生动形象地再现各种事物、现象、情境和过程，丰富学生的感性认识，提高感知的效果，为理解和应用知识奠定坚实的基础。对于那些用语言难于讲清楚或者学生较难理解的内容，如果采用演示的方法，有效地揭示客观事物的本质和内在联系，就可以顺利地帮助学生扫除对知识理解的障碍。

3.发展学生的观察能力、思维能力

在教学中，教师恰当地运用演示，能够激发学生的求知欲望，培养学生观察的自觉意识，即提高观察的主动性，自觉提出观察目的、任务的能力，让学生掌握观察方法。教学中，有意识、有计划地通过演示对学生进行观察训练，无疑是培养学生观察能力的重要途径。教学中的演示过程，教师提供展示实物，或经过精心设计的模拟物，如标本、模型、图片、图表等，在特定条件下，教师用形象化的语言描绘、比喻唤起学生的表象，并引导学生对直观材料进行感知、比较、分析、综合、概括，强化学生对客观事物及现象的想象和思维，促进学生思维能力的发展。

4.有助于提高语文教学效率

衡量教学效率，主要看在相同时间内完成教学任务的多少，或者同样的教学任务是否可以用较少的时间完成。教学实践表明，通过演示，让学生尽可能多的感官参加认识活动，就容易激发学生的学习兴趣及思考的积极性，学生就会在生动活泼的学习中学得快、记得牢。另外，现代电化教学手段的运用，如投影、幻灯片、录像、电脑等，为教学直观化提供了便利，有助于学生理解掌握知识，提高学习的效率。

（二）教学演示技能的类型

课堂教学演示技能可以从不同的角度进行分类：

1.展示演示

展示演示是教师向学生展示实物、标本、模型、图片、图表等直观教具，引导学生直接感知事物，获得感性认识的行为方式。

（1）实物演示：教师把与教材有关的客观事物直接呈现在学生面前，供他们观察、触摸、听、闻、尝，以得到直接感受的行为方式。

（2）标本演示：教师利用标本向学生展示物体的形态、构造等的行为

（3）模型演示：教师通过演示模型，帮助学生掌握物体的构造、功能等的行为方式。

（4）图片演示：教师利用挂图或图片向学生展示事物的局部、整体面貌或发展过程的行为方式。

（5）图表演示：教师利用图表反映某类事物特点并寻找规律、探究原因的行为方式。

（6）环境演示：教师根据教学需要，组织学生到演示物存在的环境（或模拟的环境）中去观察，收集有关的信息资料的行为方式。

2. 电化演示

电化演示是教师利用录音、投影、录像、电子计算机等现代化电教设备，再现事物现象及其过程的行为方式。

（1）录音演示：教师利用录音设备向学生播放与教学有关的乐曲、故事、人物的对话、课文的朗读等内容的行为方式。

（2）投影演示：教师利用投影设备放映与教学有关的投影片或放大那些不容易观察的微小实物、实验现象等的行为方式。

（3）录像演示：教师利用录像设备为学生播放与教学内容相关的一段录像，再现事物现象及其过程的行为方式。

（4）教学电影演示：教师利用电影设备向学生放映与教学内容有关的教学电影片，使学生观看到那些不易见到的动植物或事物的内部构造等的行为方式。

3. 形体示范

形体示范是教师用身体直接演示与教学有关的动作，指导学生进行学习的行为方式。

（1）动作演示：教师演示与教学内容相关的动作，帮助学生理解和掌握知识的行为方式。这种演示在体育学科中应用广泛。

（2）情境演示：教师根据一定的教学目的，创设一个有关的情境，激起学生的求知欲，引导学生积极开展学习活动而获得知识的行为方式。

4.实验演示

实验演示是指教师利用一定的设备和材料,借助一定的自然条件,通过控制条件的操作过程,引起实验对象的某些变化,使学生从观察这些现象的变化中获得直接经验或验证某些知识的行为方式。

当教师掌握了各种演示技能之后,可以根据教学需要,在同一教学环节中应用两种或两种以上的演示,使教学演示作用于学生的多种感官,促使学生主动地参与学习活动,以更有效地提高教学效率。

(三)演示技能的使用要求

演示是很受学生欢迎的教学方法。演示的东西是多种多样的。在教学过程中,教师科学地运用这种方法,常常会收到事半功倍之效。一般而言,演示的程序应该是这样的:首先使学生有心理准备,明确演示的目的和要解决的问题;然后出示演示物,教师指导学生观察,并对演示物加以说明,对演示过程和现象加以讲解;最后对比演示结果,并检查学生对演示及教材理解的效果。演示教学应遵循如下要求:

1.做好演示前的准备工作

演示前,应根据教学需要做好教具准备,选择典型的实物、教具,放大需要认真观察的部分,最好用色彩把易忽略的地方突出,还要考虑好运用教具进行演示的过程。特别是实验演示,最好先做一遍,以免临时出现预想不到的问题,这不仅浪费时间,而且影响教学效果。

尽量使用活动教具。在相对静止的背景上,活动的事物容易成为感知的对象。如有些内容采取边讲解边在黑板上画示意图的方式,就比使用预先画好的挂图更能提高感知效果。运用投影教学时,使用复合抽动式、线条重叠式、模型式等活动灯片,比用静止的单片效果更好。

直观材料的选择,必须考虑不同学科、不同教学内容、不同年龄学生的特点。自然常识课多用实物、标本、实验演示,语文、历史、地理课则多用挂图、模型、图片和语言的描绘、描述;低年级用的教具要注意色彩鲜艳,重点部分突出,高年级要注意充分利用学生已有的生活经验。有些教学内容可选择多种直观材料相互配合，综合利用，最大限度地刺激学生的多种感官，让学生充分感知。关于直观材料本身，要能正确鲜明地反映事物的实况和规律，不能模模糊糊、似是而非，否则将误导学生的感知。

2. 引导学生进行周密的观察和思考

学生往往只凭兴趣观察演示对象，注意他们感到新奇的东西，但这些东西并不一定就是需要感知的重点，而且常常由于注意了细枝末节，反而忽略和淹没了中心，达不到演示的目的。只观察而不思考，等于"视而不见，听而不闻"，还是不能感知的。因此教师在演示时，应对演示对象加以必要的说明，告诉学生观察什么、注意什么，同时提出一系列问题，把学生的注意力引导到他们必须进行观察的事物上去，即注意观察客观物体的主要特征和运动变化，并在感知过程中，正确地进行比较、分析、综合、概括，达到用正确而清楚的语言表达从观察中得出的科学结论的目的。

3. 材料演示与讲解相配合

要使演示的作用得到充分发挥，在演示的过程中必须同教师的讲解密切配合（视听结合），因为演示时学生不仅是单纯地看，而且要思考。这时，思考自然是初步的、低级的，但却启动了语言思维等系统。实践证明，只有通过语言思维等系统的活动（教师指导观察用的是口头语言，学生思维是无声语言），才能保证观察的全面性，防止学生产生错觉，并留下深刻的记忆。

演示与语言相结合的主要作用是：用生动形象的语言可以引导学生进行观察，以发现学习对象的主要特征；教师的语言可以唤起学生的已有知识，将已有知识与观察联系起来，强化演示教具的感染力，提高教学效果；演示伴以语言的说明和解释可以弥补某一演示方式的局限性，避免以偏概全，防止形成的知识有缺陷和错误；生动形象的解说可以引导学生充分发挥想象力，使其头脑中产生立体感和"运动感"，从而更好地理解教学内容。

4. 演示过程中应注意的问题

（1）演示时要尽可能让学生运用多种感官去充分感知演示对象，创造手、脑、眼、耳并用的学习条件，提高教学效果。

（2）演示要适时。演示要紧密配合教学，把握好直观教具呈现的时机。

过早把直观教具展示出来，会分散学生的注意力，削弱新鲜感，降低演示效果。教具用过后，应当及时收起来。

（3）演示要适度。演示贵精不贵多，每堂课演示的教具不宜过多，教师要明确演示是教学的一种手段而不是目的，不能为演示而演示，要有较强的针对性，要讲求实效。演示过程中教师要向学生提出问题或做适当讲解、指点，引导他们边看、边听、边思考、边议论，以获取最佳效果。

（4）要使全班学生都能看清演示对象。为此，实物的大小、演示的位置、演示的速度或反复的次数等均应恰当处理。

（5）演示后，要认真进行总结。

六、中职语文课堂教学收束技能

课堂收束又称为课堂教学小结，是中职语文课堂教学的一个必不可少的重要环节。它与课堂导入是相对应的一对范畴。导入是始，收束是终；导入是开，收束是合。一始一终，一开一合，构成课堂教学矛盾运动的完整过程。

（一）课堂收束的类别与作用分析

1. 课堂收束的类别

（1）单元（知识点单元）收束，指单元教学小结。

（2）课题（某一知识点）收束，指一篇课文或某一知识点的教学小结。

（3）课时收束指一节课的最后教学环节。

2. 课堂收束的作用

（1）对学生学习的知识具有归纳、小结的作用。如同农民收割庄稼一样，将学生所学的分散知识集中起来，进行系统的教学总结，帮助学生完成由感性认识到理性认识的飞跃。

（2）对学生的思维起着整理的作用。如同聚光灯一样，收拢学生纷繁的思绪，帮助他们厘清思路，变瞬时记忆为长时间记忆。

（3）对整堂课的教学起着"回炉"提炼的作用。如同推进器，它指引学生在旧知的基础上向新知进军，激励学生学习不断向新的高度攀登。

（4）对拓宽延伸教学内容起着"扩展"的作用。它能激发学生旺盛的求知欲和浓厚的学习兴趣，对直接提高课堂教学效率及以后的学习效率将产生重要作用。

（二）教学收束技能的类别划分

课堂教学收束的方法很多，教师可根据不同的学科和不同年龄的学生灵活选用。总结起来，收束的基本方法有以下方面：

第一，归纳式。归纳式收束是指教师在课堂教学结束阶段，将本堂课所教学的知识整理、归纳，使之条理化、系统化，以及时强化重点，明确问题的关键，是巩固知识、掌握知识的一种方法。归纳式收束不是面面俱到、巨细无遗的，而是对学生要求掌握的知识点，特别是教学重点、学习难点进行归纳，使其显豁突出，让学生在原学习的基础上理解、再提高，进而完全掌握。这种方法有时可先启发学生小结，然后教师加以补充、订正。它可以对课堂学习内容达到纲举目张的作用。

第二，比较式。比较式收束是指教师引导学生通过对教学内容采用辨析、比较、讨论等方式结束课堂的一种方法，意在加深和扩展学生对教学内容的理解，提高学生的鉴别能力，促使学生对所学知识举一反三、触类旁通，培养学生思维的广阔性和灵活性。这种收束方式要求学生用精练的语言对本堂课的重点、难点、关键点、要害点进行总结，弥补学生的疏忽，把他们从漫不经心中呼唤出来，使他们完成从感觉到理解的飞跃，从而将知识化为营养而加以吸收。

第三，悬念式。悬念是电影、戏剧、评书、小说等艺术创作中常常采用的艺术手法。通过这种艺术手法，把读者、观众的思绪"悬"起来，从而产生猜测、期待、渴望等一系列心理状态，并使之持续与延伸，以达到必欲释疑团而寻根究底之效果。悬念的艺术手法在课堂教学收束中也得到普遍运用。教师通过巧设疑障，为教学内容留下余地，使学生达到"欲知后事如何，且听下回分解"的程度，欲罢不能，激发学生去思维去探索，以激发学生进一步获取知识的欲望，架起新旧知识的桥梁，密切新旧知识间的联系，这种方法即悬念法。

第四，高潮式。在课堂教学收束时有意制造一个小高潮，使其异峰突起，以加深学生对所学知识的印象，这种收束方式即高潮式。

第五，练习式。教师通过让学生做练习、作业、小测验的方式结束课堂教学的方法叫练习式收束。这是最简便、最常用的一种结束方式，它主要包括总结巩固和布置家庭作业两个内容。教师讲完新课后，让学生思考这堂课讲了哪些问题、主要内容是什么、做了哪些实验、主要现象是什么、这些现象说明了什么问题，然后在学习思考的基础上练习、巩固新课，检查学生对所学新知识的掌握情况，发现问题并及时解决。家庭作业对加深理解教材、运用教材、巩固知识、熟练所学技能具有重要作用。因此，精当地布置家庭作业，并对作业提出要求，进行提示，也是收束课堂教学时教师常采用的做法。

第六，回味式。回味式收束恰似影视艺术的结尾，每当看完一部影视作品，观众往往会对结尾产生不同的想象，并对这种想象的结果进行深思和抉择。回味式收束即教师用浓郁的色彩、含蓄的艺术手段来结束一堂课，使学生达到"言已尽而意无穷"之效果，课后引起咀嚼回味，展开丰富的想象。

第七，游戏式。为了提高学生的学习兴趣，下课前可组织一些游戏来结束这堂课，让学生在玩中学，达到巩固所学知识、加强记忆的目的。游戏式收束尤其适合低年级学生。

第八，提问式。提问式收束就是在下课前，教师根据本节课讲授的内容、方法或规律及注意事项等方面，用提问的方式，引导学生自己做出小结，从而加深学生对有关问题的印象与理解。

第九，朗读式。朗读式收束在语文课堂上最为常见，即让学生诵读课文（或其他文字材料）来结束一堂课，使学生对所学内容再次加深印象。

（三）教学收束技能的具体应用

1. 课堂收束的途径

（1）知：收之以知，指对知识的归纳整理系统化，这是最基本的途径。

（2）能：收之以能，通过读写结合等技能训练结束教学。

（3）智：收之以智，包括回忆背诵、提问思考、联想想象等心智活动。

（4）情：收之以情，对那些文情并茂的教材，下课之前不妨再做一番情感渲染，照应开头，让学生感到回味无穷。

（5）趣：收之以趣，最后讲一些与课文有关、能给人以启迪或愉悦的逸闻趣事，强化学生学习的兴趣。

2. 课堂收束的要领

（1）情绪饱满，紧扣目标。

（2）方式简便，方法灵活。

（3）语言精练，形式新颖。

（4）把握时间，板书配合。

3. 课堂收束的原则

（1）目的性原则。好的收束是为实现课时教学目的服务的。因此，教师必须以课时既定的教育目的为依据来确定"收束"内容的实施方式和方法。课堂小结要紧扣教学内容的目的、重点和知识结构，针对学生的知识掌握情况及课堂教学情境等采取恰当的方式，把所学新知识及时归纳到学生已有认知结构中。同时，小结要精要，要有利于学生回忆、检索和运用。

（2）趣味性原则。充满情趣的收束能有效地激发学生的学习动机，使学生的身心得到放松、浓厚的兴趣得到保持。根据学生好奇、好动、好胜的特点，老师每讲一节内容都要设计出新颖别致的收束形式来，或者概括总结，或者提出问题，或者设置悬念，不能因千篇一律而索然无味。不管怎样收束，都要给学生以启发，以激起他们努力探索的积极性，要"点而不透、含而不露、意味无穷"。因为任何教学的效果都是以学生是否自觉自愿参与、怎样参与、参与程度的状况来决定的，所以课堂教学收束只有让学生积极参与，学生才会感到快乐，效果才会显著。

（3）一致性原则。注意首尾呼应，使收束和导课脉络贯通。有些收束实际上就是对导课设疑的总结性回答，或是导课思想内容的进一步延续和升华。如果导课精心设疑布阵，讲课和收束中而无下文，或收束时又是悬念顿生，另搞一套，则会使学生思路混乱，难以集中精力进行探索。只有前后一致、主线清晰才是一节完美的课。

（4）多样性原则。收束的形式多种多样，既要巩固知识又要回味无穷。如果收束形式单一，就容易使学生感到枯燥无味，因此不同学科、不同课型要选择不同的收束方式。例如，对揭示概念的课型一般可采用画龙点睛、概括要点的小结形式；对法则、定律推广练习一类的课型，可采用议论、总结、归纳的小结形式；对巩固训练的范例课型，可采用点拨方法、提示要点的小结形式。对不同年级的学生，要根据他们心理、生理特点选择不同的收束方式。高年级一般采用"抽象概括、整理归纳"的小结方式，低年级一般采用"启发谈话，回顾复述"的小结形式；同时，还可以安排一定的学生实践活动，如练习、口答和实验操作等。通过思维和实践活动，启发学生的思维活动，培养学生的抽象概括能力和口头与书面表达能力。

（5）适时性原则。收束要严格掌握时间，按时下课，不可提前，也不可"拖堂"。教师要避免两种情况：一是由于教师计划不周，组织不当，课堂教学节奏过快，给收束留的时间过多，学生无事可干，教师只好生拉硬扯一些与本节课毫无关系的杂事来应付，以拖延时间，等着下课。这样既浪费了宝贵的教学时间，也冲淡或干扰了本课的主题，影响了教学效果。二是课堂讲授"拖堂"。事实证明，学生最反感上课拖堂延时，因为它侵占了学生的休息时间，影响学生的身体健康。何况下课铃一响，学生的注意力就不集中了，继续讲是不会有好效果的。拖堂延时还会影响学生听好下节课的情绪，形成恶性循环，得不偿失。总而言之，不论是提前下课还是拖堂延时，都是违反课堂教学收束基本要求的不正确做法，教师应该避免这两种情况的发生。

第三节　中职语文教学的综合技能

一、中职语文教学的思维技能

思维是人脑对外部世界非直接地经过总结、加工的印象反馈，此印象反馈反映的是人对事物的感官感受，是通过言语来表达描绘的，因此，思维是没有发出声音的言语，言语是发出声音的思维。中职语文教学思维技能的内容具体如下：

（一）形象思维技能

从信息产生过程讲，形象思维是个体通过感官观察、器官感受、头脑推演等办法，对事物的相关特点、整体外在表现及在头脑中反馈信息进行再处理，以便充分确认事物的外观并分析、掌控事物的基本特点和发展趋势。

第一，感知外在阶段。感知外在通过感受、感知、印象三种形式来进行，且它们之间互相联系、渐次递进。从感受、感知到印象，反映出人的整体感观从细微到宏观、从直面观察到侧面间接的过程，但这种活动仅限于外观和外在联系，还是初级阶段。印象形成是感知外在阶段的最高形式，又是头脑加工的起点，它是由感知外在阶段进阶到头脑加工阶段的中介。

第二，头脑加工阶段。印象形成需要头脑加工，对事物进行从外在到核心，由模糊到清晰，剥去伪装露出真面目的相关分析，使印象提炼为代表性、概括性的形象，由感性直觉变为理性分析。

（二）抽象思维技能

抽象思维是以定义确定、分析预判和逻辑推演等形式进行的一种思考模式。抽象思维通过抽象的思维加工方法定义科学的观点、形成成套理论架构和观念，用来进行具体的生产、实践，它是最被关注的代表能力思维形式。

第一，从印象形成到思维抽象的第一阶段。抽象思维从形象思维出发，但起始点是印象。本阶段作为第一阶段，就是要通过逻辑推理将形式逻辑思维印象浓缩为概括性定义，形成抽象的描述，认识层次从感官体验升到抽象概括。本阶段的思维加工，主要是依靠剖析、总结、对比、归类等手段来进行的。

第二，从思维抽象到观念体系形成的第二阶段。抽象思维第二阶段主要是通过思辨和概括的手段来完成的。

（三）创造性思维技能

第一，创造性思维及其特点。创造性思维是一种具有开创意义的思维活动，即开拓人类认识新领域、开创人类认识新成果的思维活动，创造性思维需要人们付出艰苦的脑力劳动。创造性思维具有四方面特点：①创造性思维与创造活动相联系。创造性思维总是在人产生了进行某种创造活动的动机和欲望之后发生。②创造性思维具有独创性。③创造性思维具有极大的灵活性。④创造性思维具有艺术性和非拟化的特点。

第二，直觉思维及其特点。一般而言直觉思维就是直接的觉察。直觉思维的特点：直接性、快速性、跳跃性、个体性、坚信感、或然性。

二、中职语文教学的组织技能

（一）语文教学组织的阶段

第一，预备阶段。上课铃响过以后，教师即可开始准备课堂授课。教师应站在教室讲台附近，环视教室，请同学们保持肃静，并指示学生准备上课材料。例如，教材、听课记录本均应放在桌上，不要出现课外材料。开始讲课前教师与学生互相问候是必需的，学生站立问好，教师回答问好，让学生坐下。

第二，开讲阶段。开讲阶段的目的重点在于引起学习者浓厚的兴趣，讲明本堂课的学习目的。教师要组织学习者互动交流，全神贯注，一起努力完成学习目标。教师要联系本堂和以前课程的相互关系，是否有内在逻辑联系、是否有感情方面的因素关系。由于语文教材有一些是由长篇原著的若干章节组成，需要不止一堂课完成，这样每堂课对以前的课堂内容的衔接非常重要，开始讲课时既要讲明本节课堂目标也要采用各种方式，着重解决学生的困惑之处，可以设置一些场景，引导学生快速进入状态，尽快活跃思维。

第三，授课阶段。授课阶段是关键阶段。课堂效果高低集中通过此阶段表现出来。教师要根据学生的思维活跃特征、年龄分布阶段、学习能力功底、接触知识面的延展程度并结合使用课本提前设计好发掘学生主观能动性的课堂实施蓝本。要高频次利用各种教学方法组织教学，激发、鼓励学生自己做主人，汲取新的学习内容，课堂上还要做到轻松、活跃氛围，纾解学生压力的同时，教师要因势利导，灵活应对个人情况，同时对干扰课堂的意外事件要尽快处理，避免影响课堂效果。

第四，总结巩固阶段。总结巩固阶段的任务是教师学生一起回忆本堂内容，指导学生条理整理，头脑储存清晰。而且教师通过适当的作业和训练，指引学生兼收并蓄，让知识为自己所用，时间安排上保证学生有一定时间思考并提出疑问，要安排松紧有序、到下课时即下课，不要拖沓，影响学生情绪。

（二）语文教学内容的组织

第一，目的明确。中职语文教学要求目的明确，要提前设计好内容，引导教学沿着指定方向进行，这需要深入理解强化教学大纲的意图，分解确定每堂课、每章节的具体目标，以目标为导向。

第二，课程数量和深度适当。中职语文教学在教学内容和听说读写能力的训练中，必须把握好对数量和深度的控制。针对大纲规定教学要达到的水平、思维层次应有适当控制。课堂教授要把握好速度快慢与课程难易程度。教学必须有计划、有定量，以满足与学生学习相适应的情况，从实际情况出发，控制好学习的效果。

第三，层次分明、顺序得当。中职语文教学要按照大纲要求分清层次，掌握好先后顺序，教师做好相应的计划、步骤。教师要关注课程本身的先后次序，如学习者感知、思考的次序，既要兼顾以上不同次序又要在组织教育中结合起来。

第四，因势利导。在心理上，教师辅导学生做一些学习准备，要在对比分析中，顺应学习方法及各种学习影响因素的趋势，调整心态，扎扎实实，不断稳步前进，通过各种手段引导学生自信、乐观向上，并不断丰富学习动力源泉。

（三）师生交往方式的组织

一般而言，中职语文教学师生交往方式的组织形式主要有全班教学、小组教学和个别教学三种。

全班教学的组织形式最常见、最普通。它指教师把全班学生组织到教学中来，进度一致，便于管理。这种师生交往方式，在同一时间里，教师可以给学生讲述、范读、演示、解释，直接用自己的思想感情、知识修养去影响学生，使学生能在思想、知识、情感体验和行动等方面产生相应的反应。教师可以单向传授知识，也可以同学生双向交流，充分体现了班级授课制的各种优点。但如果只使用单向传授知识则应防止"满堂灌"和"注入式"。

小组教学是指把一个班按教学需要暂时分成几个小组进行教学。既可按不同程度的学生分组，也可以混合编组。小组人数的确定根据教学任务的不同而异。一般的做法是，就座位邻近分成2~4人一组。分组教学便于对教学中的重点、难点问题进行讨论和研究，使学生思维活跃，互相得到启发和帮助。每个学生都有机会发表自己的见解、看法，培养和锻炼学生的口头表达能力。学生按小组讲述、讨论、争辩、互检作业等，都能发挥学生学习的主动性、积极性，从而达到良好的教学效果。这种方式，师生之间的交往是多向式的网状结构，在一定程度上扩大了教学信息的交流，但教师也要进行巡回检查。

个别教学是指教师因材施教，针对个别学生的不同情况给予指导、辅导，使每个学生都有机会接受教师的及时指导，便于教师了解每个学生的学习情况，增进师生的相互了解和友谊，从而提高语文教学效果。

运用课堂教学组织形式要灵活，做到"管而不死，活而不乱"，既尊重爱护学生，又严格要求管理学生；既热烈紧张，又秩序井然；既动中有静、静中有动、动静结合，又放中有收、收中有放，从而使课堂教学富于变化、充满生机。

（四）教学组织技能的训练

中职语文教学管理技能的训练目标主要有：①能明确教学管理技能的理

论内容；②能在实践教学中灵活掌握和运用教学管理技能。

第一，中职语文教学的组织技能训练主要是对教学的预备、开讲、授课和总结巩固四个阶段的训练。预备阶段的教学组织是前奏，学生准备好学习用具，思想上有上课的意识，所以，训练时教师只要利用肢体语言就基本可以实现目标。例如，教师提前站立到讲台上，自己整理和调整上课教学用具等。开讲阶段的教学组织要能起到集中学生注意力、激发学生学习兴趣、引导学生进入学习状态的作用，所以，这个阶段的训练要充分利用导入技能，或开门见山，或幽默生动，或妙语连珠，或制造悬念等。在授课阶段教师应因材施教，引导学生积极主动地获取知识、提高能力、发展智力，从而提高教学效率和效果，使教学活动沿着既定的教学目标推进。这个阶段的训练要充分运用讲解技能，或娓娓道来，或简洁明确，或描述铺排等。总结巩固是要学生对所学知识能有一个系统的、全面的理解和把握。这个阶段的训练时间虽短，但内容含金量高，要注意语言表达干脆利落、重点突出、简明扼要。

第二，教学内容组织要做到五定：定向、定量、定度、定序、定势。要达到这些要求是比较困难的，所以，训练过程中可以采用由少到多逐项训练的方法。

第三，师生交往方式的组织技能。一般而言，中职语文教学师生交往方式的组织形式主要有全班教学、小组教学和个别教学三种，而前两种使用频率又是最高的，所以在训练过程中要想师生交往获得成功，避免"一言堂"现象发生，教师就要设计好教学问题，师生以问题为纽带进行交往。交往过程中，师生应本着平等和谐的态度，本着相互尊重的原则，本着解决问题、实现教学目标的目的，本着教师是主导、学生是主体的观念进行交往。

三、中职语文教学的学习指导技能

"学习指导，广义上包括学习观、学习态度、学习方式、学习动机、学科学习规律和方法的指导；狭义的学习指导则指学习方法的指导。"[1] 而教师的"学习指导技能"侧重于课堂教学中对学生学习动机、过程、方法和学

---

[1] 张应红，钟汝达. 课堂教学技能[M]. 武汉：武汉大学出版社，2014：170.

习活动形式的指导。因此，学习指导技能是指在中职语文教学中，教师以学生学习的心理过程为依据，为学生的自主学习等创设有利环境，对学生的学习动机、过程、方法进行指导和引导，从而促进学生发展的教学行为方式。

（一）学习指导技能的主要作用

1. 思想观念的转变

（1）教师观念的转变。新课程要求教师实现角色的转化，即由知识的传播者转化为学生学习的合作者、引导者、参与者和促进者，成为教学的研究者。教的本质在于引导，"为师之道，贵在于导"。教师的重要职责在于使学生积极地参与学习，而且要使他们学会学习，成为学习的主人。在教学过程中，教师不能越俎代庖，要激发学生学习的积极性和主动性，实现由学生适应教师的教到教师适应学生的学的观念转变。教师要研究学生学习的心理发展规律，研究学生怎样改进学习方法，指导学生的学法，引导学生探究、总结学习规律。

（2）学生观的转变。"为了每一位学生的发展"是新课程的核心理念。要实现这个理念，教师首先要把学生看作一个有需求、有情感、有理想、需要受到尊重的人。其次，要承认学生具有巨大的潜能。教师要相信每一个学生都能成才、成功，要相信只要我们因材施教，每个学生都能够成为"天才"。这就要求教师要有耐心、有信心，持之以恒地深入研究学生，找到适合每一个学生发展的方法。再次，要认识学生的差异，因材施教。学生之间存在着较大的差异，其差异的表现又反映在不同方面。我们要承认差异、尊重差异、转化差异、视差异为财富，因材施教，各展其长。把学生当孩子看，而不要成人化，学生的差异一定会转化的。最后，要认识到学生是知识的主动建构者。学习是学生自己的事，教师的教替代不了学生的学。教师要以建构主义的观点来看待学生，在教学中调动学生的主观能动性，使他们在愉悦的环境中主动建构自己的知识体系。

（3）教学观的转变。现代教育思想认为，互动是教学的本质；教学过程是教学中各种要素相互联系、协调统一发展的过程。教师、学生、教材、教学环境、教学媒体是教学过程中相互联系的四个要素，只强调某一方面不能使教学取得良好的效果，而要发挥出这四要素的整体功能，使教学协调发展。教学的目标在于帮助每一个学生进行有效学习，使每一个学生都得到充分自由的发展。

2. 使教与学协调发展

在教学活动中，教与学是一对矛盾统一体。教师的教法决定着学生的学习方法，学生的学习方法依赖于教师的教法。学生的主体作用发挥得如何，取决于教师的主导作用发挥得如何。因此，教师在教学研究中，就应以学生的学习方法为切入点和基础来研究教师的教法，即做到以学定教，以教促学。如此，才能真正做到教与学互动、教学相长，才能实现教与学的和谐发展。

3. 为学生可持续发展奠定基础

人们生活在信息社会中，信息社会的特点是信息更新快，信息量大。要想适应社会发展，跟上时代的步伐，必须培养学生获取新知的能力。"未来的文盲不再是不识字的人，而是没有学会怎样学习的人。"学生只有学会了学习，才能为终身学习和发展打下基础。所以，教会学生学习，使其掌握科学的学习方法，已成为现代社会赋予教师的职责。

（二）学习指导技能遵循的原则

对学生进行学习指导时，应当遵循以下原则：

第一，明确指导目的。首先应明确指导的目的是充分发挥学生学习的主动性和积极性，激发学生的潜能，使他们学会学习，真正成为学习的主体。其次是通过教师的指导，使学生主动参与教学，形成生动活泼的教学局面，改革教学方法，提高学生的学习质量。

第二，创设有利环境。只有在民主和谐的环境中，学生的思维才能活跃起来，学习的主动性才能充分调动起来，教师的指导才会更有效。在指导时，首先，教师要信任学生、尊重学生，以平等友好的态度进行指导；其次，应注意语言的启发性和鼓励性，要允许学生异想天开，鼓励学生提出不同见解；最后，要掌握好课堂节奏，为学生活动留出足够的时间，使学生产生驱动感，促进思维活动的正常进行。

第三，加强元认知的指导。通过对学生进行元认知知识、元认知体验、元认知监控学习以及具体学习活动的指导，使学生认识自己的学习方式和思维方式，加强学习的自我反思能力、自我监控能力和自我调节能力，从而改进学习方法、提高学习效率。

第四，循序渐进，有计划地指导。学生良好学习方法、思维品质的形成和学习习惯的养成并非一日之功，需要教师不断培养，并及时对不良行为进行纠正。因此，对于各种学习行为的培养要有计划地进行指导。只有经过反复的指导实践，学习能力和习惯才能逐渐形成。

第五，因材施教，有针对性地指导。指导是围绕学生的学习进行的。学生的学习风格不同，教师给予的指导也不一样。学生发展的不同阶段，也应有相应的学习指导目标。因此，指导时要注意学生的年龄特征、思维发展水平和经验积累，有针对性地指导才能促进学生不断发展。换言之，教师对学生进行学习指导时，在照顾普遍性的同时要加强针对性，做到因材施教。

第四节　信息技术与语文学科整合下的教师技能

现代社会要求公民具备良好的人文素养和科学素养，具备创新精神、合作意识和开放的视野，具备包括阅读理解与表达交流在内的多方面的基本能力，以及运用现代技术搜集和处理信息的能力。信息网络技术的发展使得语文教学内容、教学方法、教学手段和教学过程都发生了变化，充分运用信息技术建构新型的中职语文教学模式，培养学生学会运用现代信息技术去获取知识，推进素质教育，已经成为中职语文教育的新课题。

"信息技术与学科课程整合"包含两层含义：一是信息技术是"整合"起来的课程的有机构成要素。二是要用信息技术（包括计算机技术、网络技术、多媒体技术）去整合学科课程，它同时也是"整合"的手段。整合就是指一个系统内各要素的整体协调、相互渗透，使系统各要素发挥最大效益。信息技术与语文学科整合是指在语文学科教学过程中，把信息技术、信息资源、信息方法和语文课程内容有机结合,以实现课程教学目标,完成相应的语文课程教学任务的一种新的教学方式。信息技术与语文学科整合是"信息技术与学科课程整合"中的一个部分,即信息技术作为语文教学工具,使学生在老师的组织下,利用信息技术进行学习,信息技术完全为语文学科服务。语文教师将信息技术与语文学科整合的技能具体如下:

一、信息技术与语文学科教学资源整合的教师技能

第一,信息资源的选择、加工技能。语文教师收集、分析、处理、运用信息的技能,不仅包括上课时运用信息技术的技能,还包括教师利用网络收集有关提高教育质量的资源。在信息社会里,言语形式将呈现一种高度个人化的倾向;语文教学应着力于言语信息筛选、鉴别的教学。信息技术具有广泛的多样性,这无疑增多了语言信息传递的渠道、加快了信息传递的速度,无论是学生得到知识、信息,还是教师掌握学生的反馈信息,信息技术的多样性都能提高传递信息的容量和传递的密度。教师要有通过信息技术帮助学生建构知识、形成现代语文能力的技能。

第二,综合运用信息资源进行课件设计的技能。进行课件设计要有明确、恰当的教学目的,运用充分必要的资源,把信息技术的综合效应以及交互性、智能化、网络化等强大功能,与语文教学的实际需要和教学改革的积极探索努力融合起来。因此语文教师在课件设计方面应具备以下方面的技能:①结构处理技能。即妥善安排课件内容的组合关系的技能。②呈现处理的技能。即内容素材用什么方式,文本、图片,还是用音频、视频、动画来呈现的技能。③控制处理的技能。即以语言材料为凭借,模拟学生的认知程序,对有关资源内容与师生互动方式进行初步整合(进一步的整合是在应用中),以求提高课堂认知活动的质量的技能。④拓展处理的技能。即利用信息数据的巨大存储功能,利用网页技术的灵活性,从语文学习的实际出发,在不同层次、不同维度上对资源内容进行整合的技能。

语文老师不必都去制作课件,但都应该具备设计课件的技能。要能够凭借课件上好课,必须懂得怎样设计课件。"语文多媒体教学课件本身就属于

新型的语文课程资源,是语文课程资源信息化的产物。而信息技术可以重新整合课堂教学资源和课外学习资源,打破课堂与课外的界限。"①

二、信息技术与语文课内外教学整合的教师技能

第一,网络学习平台的设计技能。建立一个具有良好的互动环境、能提供丰富教学资源、能进行评价与反馈的网络教学平台,是语文教师进行语文学习环境设计的重要技能。从应用研究的角度来看,广大语文教师需要快速掌握简易的网络平台操作技术,学会用先进科学的教学设计理念指导实践,根据教学目标的需要来调动组合语文信息资源。基于信息技术环境下的新型学习模式将大面积提高语文教学质量,使中国的语文教改迈上新的台阶。

第二,教学模式设计技能。信息技术根据不同层次的需要,可作为获取信息、探索问题、协作讨论、解决问题和构建知识的认知工具,言语与其他媒体形式相结合,共同参与言语交际;语文教学必须考虑言语与其他媒体形式的相互配合、相互转化的问题,着力培养学生与其他媒体一起共同完成交际任务的能力。语文教师可以根据课内外教学的需要,设计信息技术与语文教学整合的模式。目前情况下,信息技术与语文教学的模式有:为了让学生更好地认识文字所描绘的形象,利用信息技术演示作品形象的形象演示模式;用各种相关资源来丰富封闭的、孤立的课堂教学,极大扩充教学信息量,使学生突破书本知识来源,开阔思路的信息资源选择模式;建立在师生共同操作计算机基础上,完成师生情感与信息交流作用的师生交互模式;把信息技术作为个别辅导工具的练习指导模式;利用局域网指导学生进行网络学习的网络学习模式;作为情境探究和发现学习工具,培养学生发现问题、解决问题,进行知识意义建构的研究性学习模式;等等。语文教师可以根据教学目的与学生的实际情况选择、设计适当的教学模式。

第三,多媒体教案的设计技能。多媒体教案也可以看作广义的课件。它是由教师利用"备课平台",把需要使用的课件和其他多媒体素材,与自己

---

① 乔晖,林艳.信息技术与语文学科整合对教师的技能要求[J].安徽广播电视大学学报,2004(1):83.

的讲授提纲编制在一起所形成的完整教学方案。要注意综合运用多种类型的教学软件，充分发挥信息技术优势，使信息技术与语文教学规律紧密结合。这种综合运用，应从一个个"课案"的设计入手，逐渐把共享资源——网上资源、专业素材资源等其他资源真正变成教师的个性化资源。

三、信息技术与语文教材整合的教师技能

第一，根据不同课文制作不同课件的技能。运用多媒体进行语文教学，可以将教材按要求重新组合，调动所有媒体恰当操作，增加课堂信息传输量，加大教学密度，同时又能充分调动学生运用多种感觉器官，投入积极的思考，加深学生对知识的理解程度。选择课件素材应建立在深刻领会教材内容的基础上，建立在全面了解学生知识结构的基础上，使多媒体课件尽可能地适应教学内容的需要，适应学生的需求。不同课文制作成不同的多媒体课件，可以将各种不同的信息，如数据、文字、图像、动画、声音等有机集成在一起，进而展示课文中事物的本质特征与内在联系，使抽象的图形、数字，呆板的文字，变成赏心悦目的画面，对学生进行多重感官的刺激，有利于创造一种生动活泼的教学环境，吸引学生的注意力。

第二，运用信息技术补充教材内容的技能。语文教学中，经常要对教材内容作一些补充，例如作家生平、作品背景的介绍，以及教材涉及的众多相关资料。这些内容完全可以利用信息技术组织和呈现。例如，部分教师讲《林黛玉进贾府》，在分析王熙凤外貌描写时，会用计算机为学生提供相应的文章分析和评价意见；在分析贾宝玉性格特征时，又提供一组文章；同样在分析作品语言和作品主题时，也都相应地提供一组文章。建立信息库，在教学时从中选取有用的信息提供给学生，这是语文教师结合教材需要运用信息技术必须具备的技能。

四、借助信息技术创设良好学习环境的教师技能

宽松、积极向上的学习环境，有利于学生积极参与，激发出创新的火花。在这样的学习环境中，学生学习有了动力，发挥了学生的创新精神，实现了

学生的自我反馈，并将知识外化。在课堂教学中体现学生自主学习，使其在合作中学、在实践中学。教师在教学中，可以结合教材给学生一个问题，引导学生运用各种方法进行自主学习、主动发展。营造一个交流与合作的学习氛围。使课堂教学能充分地面向全体学生，广大学生在合作学习中互相关心，增进同学间的友爱。学生不仅能够得到知识，而且能够学会做人，也使教师在课堂中成为学生合作的伙伴、讨论的对手、交心的朋友。要把信息技术作为辅助教学的手段并转变为学习的方式，发挥信息技术在学生自主学习、主动探究、合作交流等方面的优势。

进行教育创新，必须充分利用现代科学技术手段，大力提高教育的现代化水平。要通过积极利用现代信息和传播技术，大力推动教育信息化，促进教育现代化。因此，将信息技术与语文课堂教学进行整合，以信息化带动教育现代化，发挥信息技术优势，改革语文课堂教学模式，改革传统的计算机辅助教学的角色，使信息技术真正成为人们在信息时代必不可少的认识工具，从而增强学生的信息意识、创新意识和综合应用能力，培养学生信息技术的实践应用能力和创新能力，因此，语文教师必须不断提高信息技术与语文学科整合的技能。

参 考 文 献

[1]陈俊.中职语文教学中的审美教育思考[J].散文百家（新语文活页），2020（10）：120.

[2]程国建.中职语文写作教学策略[J].赤子，2020（6）：4.

[3]董新芹.中职语文教学中渗透美育的探索与实践[D].济南：山东师范大学，2014：18-36.

[4]端木国雨.中职语文大单元教学的策略[J].基础教育课程，2023（4）：73-80.

[5]樊美芳.中职语文教学中的德育渗透艺术[J].当代教育论坛，2010（21）：30-31.

[6]高筱卉，赵炬明.合作学习法的概念、原理、方法与建议[J].中国大学教学，2022（5）：87.

[7]何忠.中职语文学业质量标准及其应用[J].中国职业技术教育，2020（14）：19-23.

[8]华鸣亚.审美教育的特性及其在中职语文教学中的实施[D].上海：上海师范大学，2012：16.

[9]黄金梅.基于立德树人的中职语文教学思考[J].科学咨询(科技·管理)，2021（9）：225.

[10]黄启良.中职语文课程教学的现状及问题分析[J].中国职业技术教育，2020（26）：93-96.

[11]姜红艳.中职语文"定向、导法、应用"教学模式研究[J].教育与职业，2020（21）：96-99.

[12]蒋素珍.中职语文整本书阅读教学实践探究：以《平凡的世界》为例[J].秦智，2023（6）：120.

[13]蓝俊英.中等职业教育语文教学的实用性和有效性研究[J].内江科技，2022，43（7）：29.

[14]李党辉.在中职语文教学中深化课程思政的价值与可能：以《蝉》为例[J].现代职业教育，2022（27）：17.

[15]李海燕.中职语文教学要突出职教特色[J].职业技术教育，2014，35（17）：53-54.

[16]刘干中.中职教学建模[M].北京：新华出版社，2015.

[17]刘蕊.核心素养视角下的中职语文教学改革策略研究[J].职业，2023（12）：56.

[18]毛艺.在中职语文教学中美育的运用与研究[J].中国教师，2013(z1)：197.

[19]梅运波.创新思维与语文教学[M].长春：吉林文史出版社，2016.

[20]潘莉萍.思政教育融入中职语文教学的意识与策略[J].职业技术教育，2021，42（2）：69-73.

[21]彭召军.中职语文落实核心素养的两点思考[J].职业技术教育，2019，40（2）：40-43.

[22]乔晖，林艳.信息技术与语文学科整合对教师的技能要求[J].安徽广播电视大学学报，2004（1）：83.